*El regreso
del Joven
Príncipe*

El regreso del Joven Príncipe

A. G. Roemmers

 Planeta

Nueva edición ilustrada, totalmente revisada por el autor

Dirección de Arte + Portada: Mucho www.mucho.ws
Ilustraciones: © Laurie Hastings

Fotografía del autor: © Rodrigo Nespolo
© A. G. Roemmers
c/o Guillermo Schavelzon Agencia Literaria
www.schavelzon.com

Derechos reservados en español para México y Centroamérica

© 2012, Editorial Planeta Mexicana, S.A. de C.V.
Bajo el sello editorial PLANETA M.R.
Avenida Presidente Masarik núm. 111, 2o. piso
Colonia Chapultepec Morales
C.P. 11570 México, D.F.
www.editorialplaneta.com.mx

Primera edición: enero de 2012
ISBN: 978-607-07-0992-0

Impreso en los talleres de Litográfica Cozuga, S.A. de C.V.
Av. Tlatilco núm. 78, colonia Tlatilco, México, D.F.
Impreso en México – *Printed in Mexico*

PREFACIO

Si *El Principito* es un libro universal, traducido a 180 idiomas de nuestro planeta, se debe a que su lenguaje también es universal. Al término de su rica y corta vida, Antoine de Saint-Exupéry ha querido brindarnos un relato, una suerte de guía de vida para la juventud a través de un viaje iniciático, un poco como los cuentos de Voltaire del siglo XVIII han ayudado a que florezcan las ideas de libertad y justicia.

El Principito no trata solamente sobre la libertad y la justicia, sino sobre la vida misma. Sobre el sentido que debe darse a la vida, sobre la responsabilidad, el amor, la amistad. Es la simbología de los vínculos que resurgen en cada página, la relación entre los hombres que pueblan la Tierra, el vínculo con el planeta y con todos sus elementos. Saint-Exupéry nos habla también de la necesidad de conservar un alma de niño para permanecer sensible a la poesía, a la belleza y a la pureza. Este Principito no es más que el mismo Saint-Exupéry. Es su alma de niño que creció sin volverse jamás realmente adulta, viviendo en el cielo y en las estrellas en busca de la tierra de los hombres, responsables y únicos. Al partir, nos legó un tesoro y nos pidió con vehemencia, en el último párrafo de su libro: «No me dejéis tan triste. Escribidme enseguida, decidme que El Principito ha vuelto…».

Alejandro Roemmers ha conservado su alma de niño, y habiendo encontrado a este Principito ya joven en la Patagonia, desea hablarnos de él en su obra y llamar nuestra atención sobre la poesía y la esencia de su mensaje. ¿Por qué en la Patagonia, en Argentina? se preguntarán los lectores. Mis numerosos viajes me permitieron descubrir cuán amado y conocido es «Saint-Ex» en esa región. En cada pueblo donde hacía escala la *Aeropostal*, me han mostrado los hoteles donde vivía, los restaurantes que frecuentaba, mostrándome su mesa y sus platos preferidos, alguna vez la cara de una novia… e incluso un día el lugar donde había escrito *El Principito*… aunque en realidad lo escribió doce años después en Nueva York.

Alejandro Roemmers nos ofrece su comprensión de *El Principito*, ya que logró retener las enseñanzas de este libro, de todos los libros, sobre el camino de la espiritualidad. Este libro es un verdadero lazo exuperiano hacia los otros.

FRÉDÉRIC D'AGAY,
expresidente de la Fundación Antoine
de Saint-Exupéry y sobrino nieto del escritor.

UNAS PALABRAS A MODO DE INTRODUCCIÓN

En un mundo devastado por la guerra, que iba perdiendo aceleradamente la inocencia y la alegría de vivir, un intrépido aviador francés, Antoine de Saint-Exupéry, escribió un libro, *El Principito*, que no tardaría en convertirse en el símbolo universal de estos valores perdidos.

La tristeza y la desilusión de Saint-Exupéry, frente a una época que parecía olvidar la sencillez del corazón y la espiritualidad esencial del hombre, fueron probablemente, más que cualquier ráfaga enemiga, las causantes de su temprana desaparición durante una misión de reconocimiento en el Mediterráneo.

Como muchos otros que han leído *El Principito*, compartí la pureza de su mensaje y me entristecí junto con Saint-Exupéry cuando ese niño, que había llegado a lo más profundo de mi corazón, se vio obligado a regresar a su asteroide.

No comprendí, hasta algún tiempo más tarde, que el odio, la incomprensión, la falta de solidaridad, la visión materialista de la existencia y otras tantas amenazas le habrían impedido vivir en nuestro planeta.

Muchas veces me he preguntado, tal vez como tú, qué habría sido de ese niño tan especial si hubiera seguido viviendo entre nosotros. ¿Cómo habría sido su adolescencia? ¿Cómo habría podido preservar intacta la frescura de su corazón?

He tardado muchos años en encontrar respuestas a estas preguntas y es posible que las respuestas halladas solo tengan validez para mí. Pero también pueden servir —y eso espero—, para iluminar en parte el camino al niño que lleva dentro cada uno de nosotros.

Por eso me atrevo a escribirte, mi querido lector, en el comienzo de un nuevo siglo y un nuevo milenio, con una visión más positiva de nuestro tiempo, para que no estés tan triste.

Siento no poder satisfacer tu curiosidad si estabas esperando una fotografía; hace muchos años que no llevo cámara fotográfica o de vídeo en mis viajes, especialmente desde que noté que mis amigos se concentraban tanto en las imágenes, que dejaban de prestar atención a mis relatos. Sin embargo, he querido incluir algunos dibujos, para que no consideres este relato demasiado serio. Después de varios intentos que no hubieran satisfecho ni a un adulto ni a un niño, me decidí a solicitar la ayuda de mi buena amiga Laurie Hastings, para recrear algunos de los momentos que recuerdo con más intensidad. No permitas que sus trazos afecten tu imaginación, puesto que Laurie no ha estado en la Patagonia ni ha conocido al misterioso joven de este relato, pero tal vez te ayuden a ver a través de mis palabras cómo el Principito pudo ver al cordero a través de la caja...

También espero que disculpes, querido lector, la inclusión de pensamientos y reflexiones que surgieron en el momento de los hechos, y cuya existencia he querido respetar al transcribirlos.

Dicho todo esto, voy a contarte ahora lo sucedido tal y como ocurrió.

Si te sientes solo, si tu corazón es puro, si tus ojos todavía guardan el asombro de un niño, quizás descubras al leer estas páginas que te sonríen otra vez las estrellas y puedas oírlas como si fuesen quinientos millones de cascabeles.

Capítulo I

Viajaba solo en mi automóvil por una solitaria carretera de la Patagonia, tierra que debe su nombre a una tribu de indígenas que, supuestamente, se distinguían por tener sus pies desproporcionadamente grandes, cuando de repente vi, a un costado del camino, un bulto de aspecto extraño. Instintivamente aminoré la marcha y con asombro, descubrí que un mechón de cabellos rubios asomaba por debajo de una manta azul que parecía envolver a una persona. Detuve el coche y, al salir, quedé totalmente asombrado. Allí, a centenares de kilómetros del pueblo más cercano, en medio de un páramo en el que no podía verse ni una sola casa, ni una verja, ni un árbol, un jovencito dormía plácidamente sin la menor preocupación en su rostro inocente.

Lo que había tomado equivocadamente por una manta era en realidad una larga capa azul con charreteras, que por momentos dejaba ver su interior púrpura, de la cual surgían unos pantalones blancos, como los que usan los jinetes, introducidos en dos relucientes botas de cuero negro.

El conjunto confería al muchacho un aire principesco, incongruente en aquellas latitudes. La bufanda de color trigo que ondeaba al descuido en la brisa de primavera se confundía a veces con sus cabellos, lo que le daba un aire melancólico y soñador.

Me quedé allí parado un rato, perplejo ante lo que para mí representaba un misterio inexplicable. Era como si hasta el viento, que descendía desde las montañas formando grandes remolinos, lo hubiera esquivado con su polvareda.

Comprendí de inmediato que no podía dejarlo dormido, indefenso en aquella soledad, sin agua ni alimentos. A pesar de que su aspecto no inspiraba temor alguno, tuve que vencer una cierta resistencia para acercarme a aquel desconocido. Con alguna dificultad, lo tomé entre mis brazos y lo deposité sobre el asiento del acompañante.

El hecho de que no hubiera despertado me sorprendió tanto, que por un momento temí que pudiera estar muerto. Pero un pulso débil aunque constante me reveló que no era así. Al volver a dejar su mano lánguida sobre el asiento, pensé que, de no haber estado tan influido por las imágenes de seres alados, habría creído encontrarme en presencia de un ángel descendido a la Tierra. Luego me enteraría de que el muchacho estaba exhausto y al límite de sus fuerzas.

Cuando reanudé la marcha, pasé un largo rato pensando cómo los adultos, con sus advertencias para protegernos, nos alejan de los demás, al punto de que tocar a alguien o mirarlo a los ojos provoca una incómoda aprensión.

—Tengo sed —dijo de pronto el muchacho, y su voz me provocó un sobresalto, porque me había olvidado casi por completo de su presencia. A pesar de que lo había dicho en voz muy baja, el sonido de su voz poseía la transparencia del agua que estaba pidiendo.

En viajes largos como aquél, que podían durar hasta tres días, siempre llevaba en el coche bebidas y algún alimento, para no tener que detenerme más que para cargar combustible. Le di una botella, un vaso de plástico y un bocadillo de carne y tomate envuelto en papel de aluminio. Comió y bebió sin decir palabra. Mientras lo hacía, mi cabeza iba poblándose de preguntas: «¿De dónde vienes?», «¿cómo has llegado hasta aquí?», «¿qué estabas haciendo ahí, tendido en la cuneta?», «¿tienes familia?», «¿dónde están?», etcétera. Por mi naturaleza ansiosa, rebosante de curiosidad y de deseos de ayudar, todavía hoy me asombra haber sido capaz de permanecer en silencio aquellos diez interminables minutos, mientras esperaba que el joven recobrara las fuerzas. Él, por su parte, se tomó la bebida y la comida como si fuese lo más normal del mundo que, tras yacer abandonado en medio de un paraje semidesértico, apareciera alguien para ofrecerle algo de beber y un sándwich de carne.

—Gracias —dijo al terminar, antes de volver a apoyarse en la ventanilla, como si bastara con aquella palabra para disipar todas mis dudas.

Al cabo de un momento me di cuenta de que ni siquiera le había preguntado a dónde se dirigía. Como lo había encontrado en el lado derecho de la carretera, había dado por supuesto que viajaba en dirección al sur, pero en realidad lo más probable era que estuviese tratando de llegar hasta la capital, que se hallaba hacia el norte.

15

Resulta curiosa la facilidad con la que asumimos que los demás deben ir en el mismo sentido que nosotros.

Cuando volví de nuevo la mirada hacia él, era demasiado tarde. Otros sueños lo habían llevado muy lejos de allí.

Capítulo II

¿Despertarlo? No, debíamos avanzar; el sentido norte o sur carecía de importancia.

Aceleré. Esta vez no malgastaría demasiado tiempo y vida preguntándome qué dirección tomar.

En estos pensamientos andaba sumido cuando, transcurrido un largo rato, sentí de repente que un par de ojos azules me observaban con curiosidad.

—Hola —saludé mientras me volvía por un instante hacia el misterioso joven.

— ¿En qué extraño aparato estamos viajando? —preguntó paseando su mirada por el interior del vehículo—. ¿Dónde están las alas?

—¿Te refieres al coche?

—¿Coche? ¿No puede despegarse de la Tierra?

—No —respondí, con mi orgullo un poco herido.

—¿Y no puede salir de esta franja gris? —preguntó señalando con sus dedos el parabrisas, a la vez que me enfrentaba con mis limitaciones.

—Esta franja se llama *carretera* —le expliqué, mientras pensaba: «¿De dónde ha salido este muchacho?»—. Y si saliéramos de ella a esta velocidad, nos mataríamos.

—¿Son siempre tan tiránicas las carreteras? ¿Quién las inventó?

—El hombre.

Responder a cuestiones tan sencillas se me hacía inmensamente complicado. ¿Quién era aquel joven radiante de inocencia que sacudía como un terremoto el sistema de creencias que yo había heredado?

—¿De dónde vienes? ¿Cómo has llegado hasta aquí? —le pregunté, encontrando en su mirada algo que me resultaba extrañamente familiar.

—¿Hay muchas carreteras en la Tierra? —preguntó él sin hacer el menor caso a mis palabras.

—Sí, innumerables.

—Yo estuve en un lugar sin carreteras —dijo el misterioso joven.

—Pero allí la gente se perdería… —señalé, al tiempo que sentía que crecía más y más mi curiosidad por saber quién era y de dónde procedía.

—Cuando no hay carreteras en la Tierra —continuó él imperturbable—, ¿la gente no piensa en buscar orientación en el cielo? —y miró hacia arriba a través de la ventanilla.

—De noche —reflexioné— es posible guiarse por las estrellas. Pero cuando la luz es muy intensa, correríamos el riesgo de quedarnos ciegos.

—¡Ah! —exclamó el joven—. Los ciegos ven lo que nadie se atreve a ver. Deben ser los hombres más valientes de este planeta.

No supe qué responder y el silencio nos envolvió mientras el coche continuaba su marcha por la tiránica franja gris.

Capítulo III

Al cabo de un rato, suponiendo que no había respondido por timidez, decidí insistir:

—¿Qué te ha pasado? Puedes contármelo. Si necesitas ayuda, te la daré.

Sin embargo, el joven continuó en silencio.

—Puedes fiarte de mí. Dime cómo te llamas y qué problema tienes —continué sin darme por vencido.

—¿Qué problema...? —respondió al fin.

Traté de facilitar las cosas con una sonrisa, para que se sintiera más cómodo.

Si apareciste tendido en mitad de la carretera, en medio de la nada, es evidente que tienes algún problema.

Tras un momento de reflexión, me sorprendió con una pregunta:

—¿Qué es un problema?

Sonreí, creyendo que lo había dicho irónicamente.

—¿Qué es un problema? —insistió, y me di cuenta de que esperaba una respuesta. Sorprendido todavía por su reacción, pensé que tal vez yo no hubiera comprendido la pregunta.

—*Problem, problème...* —dije en otras lenguas, a pesar de que la palabra sonaba más o menos igual en todas ellas.

—Ya he oído la palabra —me interrumpió—. Pero ¿podrías explicarme qué significa?

En vano traté de extraer de mi memoria la definición que contiene el diccionario, sorprendido por el hecho de que, en un mundo rebosante de problemas, un adolescente no se hubiera tropezado aún con el concepto. Al fin, al ver que no podía escapar de su mirada penetrante, intenté construir una explicación por mí mismo.

—Un problema es como una puerta de la cual no tienes llave.

—¿Y qué haces cuando entras con un problema? —quiso saber el joven, cada vez más interesado por la conversación, aunque su vista permaneciera perdida en la distancia.

—Bueno, lo primero es ver si el problema es realmente tuyo, si está obstruyendo tu propio camino. Eso es de vital importancia —le expliqué— porque hay mucha gente que se mete en las cosas de otros aunque éstos no les hayan pedido ayuda. Pierden el tiempo, derrochan fuerzas y no dejan que los demás encuentren sus propias soluciones.

Noté cómo él asentía ante esta evidente verdad, tan difícil de aceptar para muchos adultos.

—¿Y si el problema es tuyo? —continuó, volviéndose hacia mí.

—Entonces debes encontrar la llave apropiada y luego introducirla correctamente en la cerradura.

—Parece sencillo —concluyó el joven con gesto elocuente.

—No lo creas —respondí—. Hay quienes no encuentran la llave, y no porque les falte imaginación, sino porque no quieren probar dos o tres veces las llaves que tienen, y en ocasiones ni siquiera lo intentan. Quieren que les pongan la llave en la mano o, aún peor, que venga alguien a abrirles la puerta.

—¿Y todos son capaces de abrir la puerta?

—Si estás convencido de que puedes hacerlo, lo más probable es que lo consigas. Pero si crees que no puedes, es casi seguro que no lo lograrás.

—¿Y qué les pasa a los que no consiguen abrir la puerta? —continuó preguntando el joven.

—Deben volver a intentarlo una y otra vez hasta que lo consigan, o nunca llegarán a ser todo lo que podrían ser —y entonces, como pensando en voz alta, agregué—: De nada sirve perder los estribos, luchar contra la puerta y hacernos daño, echándole la culpa de todos nuestros males. Tampoco debemos resignarnos con vivir de este lado de la puerta, soñando con lo que podría haber más allá.

—¿Y hay algo que justifique no abrir esa puerta? —insistió el muchacho, como si no terminara de aceptar mi explicación.

—¡Todo lo contrario! —exclamé—. El hombre ha desarrollado una enorme habilidad para justificarse. Explica su incapacidad por falta de afecto, de educación, o por los sufrimientos que ha debido sortear. Puede llegar a convencerse de que es mejor no cruzar el umbral, puesto que del otro lado podría haber peligros y amenazas. O puede declarar con cinismo que no le interesa lo que podría encontrar al traspasarla… Pero éstas no son más que formas de esconder el dolor que le provoca su fracaso. Cuanto más demora en enfrentarse con el obstáculo que hay en su camino, más crecerán las dificultades y más pequeño se hará, o por expresarlo de otra manera, cuanto más tiempo arrastras un problema contigo, más pesado se vuelve…

Sentí que la resistencia del joven iba cediendo, pero su persistente mirada de tristeza y la resignación de su rostro me animaron a continuar:

—Todo esto conduce a la desdicha. El camino al crecimiento espiritual y a la felicidad exige el coraje de cambiar y crecer. Debemos estar dispuestos a abandonar la comodidad de nuestra posición y enfrentar los problemas una y otra vez, hasta tener la satisfacción de resolverlos para poder cruzar esa puerta y avanzar.

—¿Y cómo haré para encontrar la llave correcta? —continuó preguntando sin darme tiempo para disfrutar la bonita analogía entre el problema y la puerta, que evidentemente él no estaba en condiciones de apreciar.

En ese momento tuve que levantar el pie del acelerador un instante, pues había alcanzado a un camión lleno de ganado. Al mirar el indicador de combustible, me embargó el repentino temor a no tener suficiente para llegar a la próxima estación de servicio, situada a muchos kilómetros. Contra mi deseo, me vi obligado a reducir la marcha para bajar el consumo. Por desgracia, mi coche no estaba equipado con esos modernos sistemas que indican cuántos kilómetros se pueden recorrer con el combustible que queda. Me consolé pensando que el camión seguiría detrás de mí y podría auxiliarme si fuera necesario, así que lo adelanté saludando con una amplia sonrisa, a lo que su conductor respondió con un amistoso bocinazo. Aún hoy, en la Patagonia, el encuentro con otro ser humano es motivo de alegría, por lo que este tipo de saludo se ha convertido en una simpática costumbre.

—¿Cómo puedo encontrar la llave correcta? —insistió el joven, ajeno a mis reflexiones, sin renunciar a una pregunta una vez formulada.

—¡Pues exactamente así!— respondí tratando de ocultar un leve fastidio debido a la fatiga del camino—. Es decir, que si continúas preguntando las cosas una y otra vez, siempre acabarás por encontrar la respuesta. Y si perseveras en probar todas las llaves de que dispongas, al final terminarás por abrir la puerta.

Y pensé para mí: «Y si continúas repitiendo tus preguntas durante dos o tres días, acabarás por volverme absolutamente loco», lo que una vocecilla en mi interior tradujo por «absolutamente cuerdo».

Capítulo IV

Como lo había animado a seguir preguntando, nada iba a impedir al muchacho seguir haciéndolo hasta el final. Decidí por lo tanto que, como el camino era largo y monótono, aquella conversación singular podía convertirse en una fuente de diversión si, en lugar de considerar las preguntas como un examen, las transformaba en un juego de ingenio. Y curiosamente, este cambio de apreciación hizo desaparecer mi fatiga como por arte de magia, y me encontré alerta y listo para dar rienda suelta a mi imaginación.

—Has dicho —continuó él acomodándose en el asiento— que no basta con la llave, sino que también hay que encontrar la forma correcta de utilizarla. ¿Cómo encontraré esa forma?

—Sí, así es —comencé con renovadas energías, enfatizando con gestos mis palabras. La mejor forma de resolver un problema es no considerarlo un problema, sino sólo una dificultad o un desafío. Lógicamente, el obstáculo seguirá siendo el mismo, pero abordarlo ahora con una mirada positiva, agudiza la inteligencia y abre paso a futuras soluciones. Debes dar gracias a la Providencia por encontrar dificultades de vez en cuando.

—¿Agradecer las dificultades? —preguntó, incrédulo.

—Sí, porque eso te permite crecer y ascender alto por tu camino de perfección. Como el viento que fortalece las raíces para que los árboles puedan sostenerse mejor. Si contemplas los obstáculos de tu vida de esta manera favorable, perderás menos tiempo quejándote y tendrás una vida más plena.

Al ver que el joven me prestaba atención, continué sin detenerme:

—Otra cosa que puedes hacer, una vez identificada la dificultad, es reconocerla, observarla desde distintos ángulos o tal vez desmenuzarla en dificultades más pequeñas.

El joven asintió pensativo y dijo:

—Yo tuve que resolver por partes una dificultad importante.

—¿Cuál? —pregunté con manifiesta curiosidad.

—Me habría sido imposible llegar a la Tierra en el primer intento… —Tuve que hacer un esfuerzo para disimular mi asombro y dejarlo continuar—. Por eso me vi obligado a dividir la distancia y hacer siete paradas en otros tantos asteroides.

Decidí que, aunque parecía haber perdido la cordura, mi acompañante poseía una imaginación portentosa.

Después de un silencio en el que pareció quedar sumido en sus recuerdos, añadió:

—En un viaje conocí a alguien que tenía un problema para el que no había solución.

—¿Ah, sí? —pregunté distraídamente.

—Era un hombre que bebía para olvidar.

—¿Para olvidar qué? —pregunté automáticamente.

—Que estaba lleno de vergüenza y de culpa.

—¿Por qué? —quise saber.

—Porque bebía —respondió el joven, con lo que cerró el círculo que lo tenía perplejo.

—El sentimiento de culpa —dije yo— nos paraliza y nos impide resolver muchos problemas. Asumir la responsabilidad hará que desaparezca esa sensación y nos permitirá llevar a cabo acciones más positivas, como compensar los daños causados, en la medida de lo posible. O, simplemente, seguir adelante y no repetir el comportamiento que nos hizo sentir culpables.

—Pero si has hecho algo malo —inquirió—, ¿cómo puedes evitar la culpa?

—La culpa no ayudó a ese hombre afecto a la bebida. Es un castigo inútil que le roba sus energías y en el que persevera porque ha dejado de quererse. ¿No le preguntaste por qué razón empezó a beber?

—No… —dijo el joven titubeando, y sentí al fin que podía esbozar una sonrisa, sabiendo que habría sido más fácil encontrar la tumba de un faraón desconocido que una pregunta que aquel muchacho no hubiera formulado aún.

—Soledad, falta de amor, frustración por algo… Desconozco cuál habrá sido la causa, pero sin duda la adicción a la bebida no es más que una consecuencia. Ahí tienes un ejemplo conmovedor de los efectos destructivos que conlleva no superar las dificultades.

—¡Qué ingenuo he sido al juzgarlo como lo hice! —comentó el joven arrepentido—. Quizá mi afecto hubiera sido la llave para abrir la puerta que él nunca pudo franquear.

—Nuestras vidas serían mucho más positivas —añadí— si dejáramos de juzgarnos a nosotros mismos y a los demás, si en lugar de quejarnos por toda suerte de inconvenientes y torturarnos preguntándonos si nos merecemos las dificultades o si podríamos haberlas evitado, aplicáramos nuestra capacidad para resolver los problemas y aceptar aquello que no puede cambiarse. Como dice un antiguo proverbio oriental: más te vale encender un fósforo que seguir maldiciendo la oscuridad.

El muchacho me oía con interés, así que decidí seguir pensando en voz alta.

—A veces descubrirás que, al cambiar tu punto de vista, el obstáculo desaparece, porque con frecuencia la única dificultad está dentro de nosotros y es nuestro modo inflexible y miope de ver las cosas.

—¿La dificultad está dentro de nosotros? —repitió con incredulidad mientras bajaba la mirada hacia su ombligo.

—La mayoría de las veces sí —respondí—. Pero también la solución. El mundo de las ideas y las emociones arrastra tras de sí el mundo material. Así como imaginas las cosas, probablemente ocurrirán para ti. Hasta cierto punto, tú mismo creas la realidad que te rodea, como si fueses un pequeño dios de tu entorno.

—¿Cómo es posible eso? ¿Acaso la realidad en este planeta no es una e igual para todos los hombres? —preguntó el joven sorprendido.

—Tal vez la realidad total sea única en sí misma —reflexioné—, pero nosotros sólo percibimos la parte que nuestra conciencia registra según la capacidad de sus sentidos y su grado de evolución. Al filtrar de la realidad total unas pocas ideas, conocimientos y personas con las que estamos de acuerdo o en desacuerdo, en verdad estamos de algún modo reflejando nuestra propia imagen.

—¿Quieres decir que las personas nunca llegan a conocer la realidad, sino sólo a sí mismas a través de esa realidad?

—Eso resulta bastante evidente cuando observas las vastas limitaciones de nuestros sentidos, evidenciadas por máquinas capaces de captar ondas de frecuencias tan altas o tan bajas que nuestros oídos no pueden percibirlas, o microscopios y telescopios que multiplican nuestra capacidad visual. Sin embargo, no siempre entendemos con igual claridad que la observación del propio ambiente y de las cosas que nos suceden es uno de los mejores métodos para conocernos a nosotros mismos, porque todo cuanto nos afecta del mundo circundante demuestra que no estamos armonizados con el principio análogo en nuestro interior.

—¿Por qué dices las cosas de manera tan complicada? —se quejó.

—Es como si la avaricia de una persona sólo pudiera afectar a otra que fuese también avara, porque una persona generosa la consideraría un mero hecho, sin dejar que le afectara en exceso —argumenté al comprender que mi compañero de viaje estaba empezando a entender—. Del mismo modo, todos aquellos que luchan contra los malos vecinos y familiares, contra la injusticia de sus jefes, contra la sociedad y contra muchas otras cosas, tengan o no razón, están luchando en realidad contra sí mismos —concluí para completar mi idea.

—¿Contra quién podrían ganar en una esgrima frente al espejo? —preguntó con asombro el joven.

—El problema de esas personas es que no entienden que aquel que está en conflicto con su ambiente está condenado a la derrota —concluí—. La mayor parte del sufrimiento humano deriva de la resistencia a las circunstancias que nos rodean y de las fricciones entre los seres humanos y las leyes del mundo. El hombre sabio está en armonía con todo lo que existe. Contempla la realidad y se da cuenta de que todo cuanto existe, le guste o no, es como debe ser. Sabe además que antes de mejorar algo en el mundo, hay mucho que mejorar dentro de uno mismo.

—¿Es que todo lo que existe es bueno por el mero hecho de existir? ¿Por qué siempre haces las cosas tan complicadas? Por favor, dame un ejemplo que pueda entender —pidió mi joven acompañante.

—Cuando empujas una pared con fuerzas —comencé— puedes sentir que esa pared resiste con la misma fuerza. Si aumentas la presión, la pared también resistirá con más fuerza. La solución está en quitar las manos de la pared y la resistencia desaparecerá por sí sola. El que reconoce el derecho de la pared a existir ya no necesita empujarla y tampoco se ve afectado por su existencia.

—Eso está muy bien —aprobó él—, pero si es verdad que sólo conocemos una parte de la realidad, cada persona vive en su propio mundo y hay tantos mundos como personas.

—Quizá te sería más fácil imaginarlo como las piezas de un rompecabezas que, entre todas, recrean una realidad más grande que cada una de ellas por separado. Lo más maravilloso es que cada persona es capaz de cambiar y transformar el mundo en la medida de sus propias percepciones, sin luchar y sin la intervención de poderes externos.

—Ya entiendo lo que quieres decir —me interrumpió—. Si veo una cara desagradable en el espejo, lo único que debo hacer es sonreír.

—Exacto —asentí—. Y del mismo modo, si tienes un vecino agresivo, intenta ser tú más amable. Si quieres un buen hijo, comienza por ser un buen padre, o viceversa. Y lo mismo se aplica a los maridos, las esposas, los jefes, los empleados… En realidad, solo hay una forma de cambiar el mundo y es cambiando uno mismo.

Capítulo V

Durante un rato permanecimos los dos pensativos, contemplando la inmensidad del paisaje patagónico. Un viento incesante roía los conos truncados de las montañas, sin ofrecer más que breves respiros en la raleada espesura. A lo lejos, sobre una ladera tapizada de vegetación, la lengua roja de los notros se abría camino hacia el valle. Se me ocurrió una idea extraña y la expresé en voz alta:

—Tal vez este universo haya sido creado a imagen y semejanza de un espíritu superior, para conocerse y experimentarse a sí mismo.

El pensamiento no pareció sorprender al muchacho, y preguntó de inmediato:

—Si así fuera, ¿qué deberían hacer los habitantes de este planeta? ¿Son libres o están sometidos como tú, a la carretera?

—Desde mi punto de vista —respondí— vivir es aprender. Todo lo que sucede tiene un significado para quien lo vive. Cuanto más se desarrolla nuestra conciencia, con más facilidad extraemos el significado inherente a las cosas que nos pasan. A veces el dolor y la enfermedad que rechazamos son lo que nos puede dar mayor riqueza espiritual. Por eso, sea cual fuere tu suerte, deberías estar agradecido a la vida que te da esta oportunidad de evolucionar. El destino siempre encuentra el modo de hacernos aprender lo que más resistencia nos genera, lo que menos queremos aceptar.

—¿Qué es el destino? Parece un maestro muy severo… —reflexionó el joven.

—Es el camino de cada persona…

—¿Es posible cambiarlo? —preguntó con creciente confusión.

—Sí —respondí lacónicamente, aun sabiendo que las bibliotecas de la Tierra contienen millares de volúmenes en los que se intenta en vano encontrar una respuesta categórica a esta cuestión.

Como el joven continuó mirándome perplejo, decidí recurrir a una imagen.

—Piensa que eres un río que debe avanzar inexorablemente. Decides sortear las montañas tratando de hallar el paso que te ofrezca menor resistencia. Las dificultades —continué— son como las piedras que encuentras en el camino. Si las arrastras contigo, terminan formando un dique que entorpecerá tu marcha. En cambio, si las vas

superando una a una a medida que aparecen, tu corriente será constante y tus aguas cristalinas, como si el roce
con cada piedra aumentara su brillo. En algún momento
puedes sentirte culpable e indigno de esta transparencia
y entonces buscarás la manera de enturbiar tus aguas.
Quizá te vuelvas perezoso y te demores en las planicies,
hasta perder tu curso en la llanura. Puede que te vuelvas
demasiado intrépido y caigas por la pendiente abrupta
formando una cascada, o que entres en tortuosos caña-
dones en los que termines extraviándote. Puede que se te
endurezca el alma hasta convertirte en hielo, o que dejes
apagar tu caricia fresca en los espejismos del desierto...

—Si yo fuera un río, no me gustaría congelarme ni
morir en el desierto —confesó.

—Entonces, cultiva la pureza y serás transparente;
imagínate generoso y fertilizarás tu ambiente, renuévate
y tu frescor calmará la sed por donde pases, confía en tus
ideales e inspirarás a otros, toma conciencia de tu ser y
despertarás a los demás. Vive con propósito y realizarás
tu destino.

Dejé de hablar y, en el silencio, nuestras miradas se
alargaron por las planicies agrestes, ascendiendo lenta-
mente hacia los fantasmas azules de la cordillera.

Capítulo VI

El joven parecía encantado con la imagen del río y se quedó sumido en sus propios pensamientos.

Pronto me di cuenta de que hacía varias horas que conducía con un desconocido a mi lado (sí, un desconocido agradable, pero desconocido al fin) sin saber absolutamente nada de él. Aunque deseaba conocer más sobre ese joven singular, la intuición me decía que las revelaciones llegarían por sí solas y más rápidamente, si no trataba de forzarlas. A veces las personas son como las ostras: lo único que tenemos que hacer es esperar a que nos entreguen la perla que llevan en su interior.

Sin embargo, ni siquiera un maestro en el esotérico arte de lo impredecible podría haber anticipado la pregunta que llegó en aquel momento a mis oídos:

—¿Los corderos, también tienen problemas?

—¿Cómo dices?

—¿Los corderos tienen también problemas? —repitió plácidamente el joven, como si yo fuese una de esas personas a las que hay que decirles las cosas dos veces para que las entiendan.

Di gracias a Dios por la escasez de gasolina que me había obligado a reducir la velocidad, porque una pregunta como ésa hubiera podido sacarnos del camino.

Me bastó con una mirada para comprender que lo había preguntado en serio. Desconcertado, respondí con toda franqueza:

—Sinceramente, no lo sé —contesté—. Supongo que para estar seguro de eso tendrías que ser un cordero, ¿no te parece?

Para mi sorpresa, el joven asintió y pareció quedar totalmente satisfecho, si no por la lógica de mi respuesta, al menos por compartir su tiempo con un adulto capaz de reconocer su ignorancia. Entonces añadió:

—Lo que quieres decir es que para conocer los problemas de una flor tendrías que ser una flor, ¿verdad?

Pero yo no estaba dispuesto a pasar toda la tarde a la defensiva, esperando la siguiente sorpresa de mi adversario. Era una espléndida oportunidad para lanzar un agudo contraataque.

—Te equivocas, amigo mío —repuse, pasando a la ofensiva—. No necesitas ser una flor para comprender que las flores tienen problemas: son demasiado hermosas e indefensas. Algunas tienen espinas para protegerse de quienes, atraídos por su belleza, desean arrebatarlas de la planta y ponerlas en un jarrón.

Me miró horrorizado. Creí que iba a desmayarse, pero se recompuso y alcanzó a decir:

—¿Y las espinas consiguen protegerlas? —su mirada suplicaba una respuesta afirmativa, pero yo, envanecido por mi despótica sobrestimación de la verdad, avancé implacable; después de todo, aquello no era otra cosa que un juego.

—No —contesté—. Las espinas no consiguen protegerlas. Ése es su problema.

La expresión del rostro me dio a entender que, para mi extraño compañero, aquello no era ningún juego. Más tarde descubriría con tristeza que, para él, era una cuestión de vida o muerte relacionada con una amiga muy querida.

A veces, sin darnos cuenta, los adultos jugamos con sentimientos muy profundos de los niños y destruimos cosas mucho más valiosas que cualquiera de las que ellos pueden llegar a romper.

De nada sirvió señalar que las flores habían logrado sobrevivir con aquel problema durante miles de años y que incluso su naturaleza estaba preparada para soportarlo. Eso no era lo que preocupaba al muchacho. Lo que él quería era salvar a una única flor, y cuando una flor es única, todas las estadísticas y los libros de jardinería del mundo no proporcionan consuelo. Como si estuviera pensando en voz alta, añadió:

—Quizá si renunciaran a su belleza, si se ocultaran, no tendrían problemas… pero entonces tampoco serían flores —y concluyó—: Necesitan de nuestra admiración para ser felices. La vanidad, ése es su problema.

En ese momento volvió a sus ojos la expresión de tristeza que ya había visto antes, y que había desaparecido relegada por su curiosidad.

—De todas maneras, los problemas de los corderos y las flores ya no me importan —sólo más adelante comprendería yo a qué se estaba refiriendo.

Después de una pausa, continuó diciendo:

—Yo estoy buscando a alguien a quien hace tiempo que no veo: se parece un poco a ti, pero tiene una máquina que vuela.

—¿Un avión? —pregunté, un poco confundido.

—Sí, eso, un avión.

—¿Y dónde vive? —quise saber con la intención de ayudarlo, pues sabía de varios aeroclubes de la zona que había visto señalados en el mapa.

—No sé —respondió con tristeza. Y siguió reflexionando: no sabía que las personas vivieran tan alejadas unas de otras.

Al ver la perplejidad de mi rostro, explicó:

—La Tierra es muy grande, ¿sabes? Y mi planeta, muy pequeño.

—¿Qué piensas hacer para encontrarlo? —pregunté, mientras activaba la parte de mi cerebro donde se almacenan las numerosas novelas de misterio leídas en la adolescencia. Pero su respuesta hubiera desconcertado al mismísimo Hércules Poirot.

—Él me regaló estrellas que ríen —dijo con tono nostálgico. Por un instante lo embargó la emoción, y observé cómo se le humedecían los ojos.

Fue en ese momento, al tratar de imaginar la figura del aviador al que sonreían las estrellas, cuando comprendí de quién se trataba. ¡Pues claro! El cordero, la flor, la capa azul… Tendría que haberlo reconocido desde el principio, pero estaba demasiado absorto dentro de mi propio y recóndito asteroide…

Capítulo VII

En ese mismo instante, como si acudiera a nuestro rescate justo cuando el motor del coche absorbía los últimos litros disponibles de combustible de la reserva del depósito, apareció ante nuestros ojos una gasolinera. Suspiré aliviado. Tras llenar el tanque y verificar los niveles de aceite y agua, tuve que insistir para que el Joven Príncipe fuera a refrescarse al baño. Era como si careciese de la voluntad de cuidarse.

Transcurrido un rato más en la carretera, le pregunté:

—Es el que te regaló el cordero, ¿verdad? —ambos sabíamos a quién me refería, pero sentí el dolor de su expresión cuando me respondió:

—Eso creía yo entonces…

—¿Qué quieres decir? —pregunté, invitándolo a continuar. Su rostro mostraba tristeza, incredulidad, rabia y nuevamente tristeza, todo en rápida sucesión. En su profundidad, aquellos ojos transparentes parecían estar ardiendo, tal vez de esperanza. Mi intuición me decía que esa esperanza lo había llevado hasta allí.

Cuando finalmente habló, lo hizo con el tono apagado de la resignación.

—Es una historia triste. No creo que te interese —dijo sin preguntarse en ningún momento cómo me había enterado yo de la existencia del cordero.

—¡Por supuesto que me interesa! —respondí con tanto énfasis que temí que tuviera que explicar por qué me interesaba hasta tal punto la existencia de un cordero al que nunca había visto.

Me sentí aliviado al ver que el Joven Príncipe daba comienzo a su relato, como si mi oponente pasase por alto la jugada que me hubiera puesto en jaque mate.

Una mañana, cuando el Joven Príncipe estaba ocupado en la tarea diaria de limpiar y ordenar su planeta («Es importante tener el planeta bien limpio, ¿sabes?», puntualizó), una hierba que estaba a punto de arrancar, le habló:

—Si me arrancas, cometerás otra equivocación.

—¿Qué quieres decir con «otra equivocación»? —preguntó él, sospechando que podía tratarse de una trampa.

—Quiero decir que te privarías de una hierba inteligente que podría serte muy útil. A fin de cuentas, ¿qué mal podría hacerte yo? Estoy en tus manos. Puedes arrancarme cuando quieras, pero creo que vas a necesitarme. Tú serás mi amo y yo tu servidora.

Sin haber tomado aún una decisión, el Joven Príncipe formuló una nueva pregunta:

—¿Qué has querido decir con «otra equivocación»? ¿Cuál fue la anterior?

—Una muy sencilla, amo. Crees que en aquella caja hay un cordero, ¿verdad?

—¡Pero claro que hay un cordero en la caja! —exclamó indignado el Joven Príncipe—. Es un precioso cordero blanco que me regaló mi amigo en la Tierra. Lamentablemente, y a causa del dolor que le provocó mi partida, se olvidó de darme el bozal y la correa. Por eso no puedo llevarlo a pasear: podría escaparse y comerse la flor.

Cuando se detuvo para recobrar el aliento y se disponía a arrancar la hierba del suelo, ésta volvió a hablarle:

—Amo, si en lugar de dejarte llevar por las emociones me permites explicarme, creo que podría aclararte totalmente el asunto —y dicho esto, la hierba desplegó una de sus hojas sobre la que, para asombro del Joven Príncipe, apareció una reproducción exacta de un cordero junto a un niño. Tras examinarla un momento, tuvo que admitir que nunca había visto un dibujo tan precioso.

—No es un dibujo, es una fotografía —aclaró la hierba con cierto aire triunfal, notando que se le prolongaba la vida. Y luego continuó—: ésta es una imagen que capta la realidad exactamente como es. Como puedes ver, un cordero sobrepasa la cintura de un niño. Si me lo hubieras consultado te habría explicado que los corderos, incluso los recién nacidos, miden más de los veinte centímetros que tiene la caja.

Y entonces, adoptando un tono compasivo, la hierba lanzó su estocada justo al corazón:

—Lo siento, amo, me duele tener que decirte esto, pero como servidora tuya debo advertirte contra ese mal llamado amigo que se ha aprovechado de tu confianza, porque la caja, en realidad, está vacía.

En aquel mismo momento, el mundo del Joven Príncipe se desmoronó a su alrededor. Fue el día más triste de su vida. Desde entonces no estuvo seguro de nada ni de nadie. Ya ninguna puesta de sol pudo consolarlo...

Capítulo VIII

Advertí que las lágrimas corrían por sus mejillas mientras hablaba y tuve que hacer un esfuerzo para mantener mi vista sobre la franja de asfalto que se extendía de un gris, ahora más oscuro, en dirección al horizonte. El Joven Príncipe continuó con el mismo tono de resignación:

—A partir de aquel momento, la hierba me explicó cosas que antes no había entendido. Me advirtió sobre las maliciosas artimañas de las flores y el comportamiento traicionero de los hombres. Fui introducido en las ciencias químicas y físicas y aleccionado en las más modernas estadísticas y variables económicas. Aprendí docenas de juegos virtuales sobre una de sus hojas encendida como una pantalla multicolor. Pero sin mi cordero, los días se hicieron más largos y los anocheceres más tristes.

Una noche, el Joven Príncipe tuvo un sueño real y conmovedor. Se encontraba junto a su amigo que pilotaba un avión, recorriendo maravillosos paisajes de la Tierra. Había montañas majestuosas separadas por valles encantados, donde ríos cristalinos reflejaban de vez en cuando la sombra del avión. Descubrió prados floridos como alfombras bordadas, protegidos del viento por densos bosques. Como volaban a baja altura, podían ver los ciervos, los caballos, las cabras, las liebres y los zorros que corrían con libertad por los campos e incluso las truchas que saltaban alegremente en los arroyos. El Joven Príncipe no tenía ninguna pregunta que hacer y su amigo ninguna explicación que darle.

Se limitaban a observar las maravillas que tenían ante sus ojos y a sonreír, señalando uno al otro cosas dignas de atención, para reír nuevamente. Nunca se había sentido tan feliz. De repente, su amigo comenzó a dar la vuelta y le indicó que iban a aterrizar sobre una colina cubierta de hierba. El aterrizaje fue perfecto, como si la Tierra hubiera ablandado su corteza para ofrecerles una afectuosa bienvenida. Apenas abandonaron la nave, el aviador lo llevó a la ladera opuesta de la colina, donde pastaba tranquilamente un gran rebaño de ovejas blancas con sus pequeños corderos y le dijo:

—Son todas para ti. No sé cuántas son, no me pareció importante contarlas. Comencé a criarlas el mismo día en que te marchaste, y el rebaño ha crecido tanto como en mi corazón el sentimiento hacia ti.

Cuando el Joven Príncipe, conmovido, quiso acercarse a su amigo para abrazarlo, despertó solo en su oscuro y silencioso planeta. Dulces lágrimas se tornaron amargas al caer y creyó escuchar una voz en su interior que le decía:

—Busca a tu amigo y deja que te explique sus razones, solo así volverás a ver las estrellas…

A la mañana siguiente, muy temprano, fue a despedirse de la flor, de la que en los últimos tiempos se había distanciado un poco. Se encontraba pálida y marchita, como si la falta de atención del joven la hubiera consumido.

—Adiós, me voy —anunció el Joven Príncipe, pero la flor no respondió. La acarició cubriéndola con las manos, pero siguió sin moverse. Ya no había nada que lo retuviera allí.

Unos peligrosos brotes de baobab asomaban a un lado del camino y la tierra había comenzado a vibrar, seguramente porque se había descuidado la limpieza de los volcanes. Pero todo eso ya no tenía importancia. Ya se disponía a marcharse cuando se encontró con la hierba.

—¿Adónde vas tan temprano? —preguntó ésta.

El Joven Príncipe no dijo nada para no alarmarla, pero sus ojos le revelaron lo que la hierba quería saber.

—¡No puedes irte! ¡Eres mi amo! —exclamó.

—Pues a partir de ahora quedas libre —respondió él.

—No puedes hacerme esto. Sabes que ya no puedo vivir en libertad. Necesito alguien a quién servir y tú necesitas a alguien que te sirva —insistió la hierba.

—Si no pudiera vivir sin ti, yo sería tu esclavo y tú mi ama —observó el Joven Príncipe.

—Me moriré si me dejas aquí. No hay otro amo que pueda arrancar las hierbas y pronto cubrirán el planeta entero —imploró ella.

El Joven Príncipe dudó un momento, pero la decisión ya estaba tomada. Seguiría la voz de su sueño.

—Si quieres venir conmigo, tendré que arrancarte del suelo —dijo a la hierba, mientras la agarraba con firmeza por el tallo.

—¡No, no! —gritó ésta.

—Entonces, adiós —dijo a modo de despedida, y se marchó.

—Así comenzó mi viaje —continuó el Joven Príncipe, y entendí que había sido un viaje muy largo—. Finalmente llegué a la Tierra, a este lugar tan solitario. Los animales y las flores ya no me hablan, como cuando era un niño. No he encontrado ningún ser humano que pueda orientarme. Exhausto y sin saber a dónde ir, caí rendido en el lugar donde me encontraste…

Guardó silencio y comprendí que tarde o temprano todos debemos emprender un arduo viaje hacia el fondo de nosotros mismos. Ninguna otra conquista nos podría ofrecer mayor recompensa.

Capítulo IX

—*Como puedes* ver, es una historia muy triste y no creo que puedas hacer gran cosa para ayudarme —concluyó el Joven Príncipe. Yo estaba tan absorto en su relato que, cuando terminó, tuve la sensación de que el coche había sido guiado por un piloto automático.

—Realmente es una historia triste —asentí—. Pero te equivocas al decir que no puedo ayudarte. ¡Hay muchas cosas que podría hacer!

El Joven Príncipe adoptó inmediatamente una postura defensiva.

—Pero ¿es que no entiendes? He perdido a un amigo que hacía sonreír a las estrellas, al cordero, que me acompañaba por las tardes y a la flor, que me alegraba la vida con sus juegos y su belleza. ¿No comprendes que no volveré a ver a la hierba que era mi protectora y consejera, ni a mi pequeño planeta, que estallará quizá por la erupción de los volcanes? ¿Y tú crees que puedes ayudarme? —preguntó con tono desafiante. El repentino estallido de pasión había transmitido un poco más de color a sus mejillas.

—En efecto —respondí con seguridad—. Puedo ayudarte a recuperar todo lo que has perdido y más. Porque, después de todo, lo que has perdido es la alegría de vivir, la propia felicidad... Pero sólo podré hacerlo si me lo permites y si estás dispuesto a ayudarte tú mismo.

Me lanzó una mirada dubitativa, pero no pronunció palabra, así que continué:

—Ésta es la primera dificultad importante que encuentras en tu vida y debes resolverla. Y la verdad es que, aunque ahora te sientas abrumado por ella, tampoco es el fin del mundo. Tienes a tu favor el deseo de superar esta situación, lo que de todos modos es algo que exigen tanto tu naturaleza espiritual como tu instinto animal.

—¿Cómo puedes estar tan seguro de que tengo las fuerzas necesarias para resolver el problema, cuando yo mismo no las siento?

—Buena observación —apunté mientras me felicitaba por haber logrado captar su atención—. Te diré por qué estoy tan seguro. En primer lugar, tuviste el coraje de abandonar la aparente seguridad de tu planeta para salir al universo en busca de la solución. En segundo lugar, a pesar de sentirte al límite de tus fuerzas, lograste ubicarte de tal forma que alguien pudiera ayudarte. Si te hubieras dejado caer en medio de la carretera o del campo, probablemente ya estarías muerto. En tercer lugar, en nuestra primera conversación hablamos sobre problemas y dificultades, lo que significa que estás tratando de encontrar información útil para salir del estancamiento en que te encuentras.

Al ver que estaba ganando su atención y su confianza, continué:

—Antes hemos hablado sobre cómo resolver los problemas. Si quieres, podríamos ver tu propia dificultad. Y digo *dificultad* porque sé que puedes superarla y, aunque no lo creas, la clave para resolverla está en ti.

Su reacción fue inmediata.

—¿Cómo puedes decir eso? Mi vida era apacible y feliz hasta que descubrí el engaño de mi amigo. Ésa y no otra es la causa de todas mis desgracias —replicó indignado el Joven Príncipe.

—Estás poniendo el problema fuera de ti y culpando a otro de tu situación, lo que es una excelente forma de no resolverlo —dije con calma, mientras sus ojos parecían quemarme con la mirada. Y antes de que pudiera decir nada, reanudé mi reflexión:

—Luego te mostraré querido amigo, que el supuesto engaño no era lo que tú crees o, al menos, no tenía la intención negativa que le atribuyes. Pero supongamos por el momento que tu amigo te hubiera engañado. Esto justificaría que estuvieras enojado con él, desilusionado e incluso triste, pero no el hecho de que hayas dejado de disfrutar la belleza de la flor, la poesía de las puestas de sol o la música de las estrellas.

Había recuperado la atención de mi interlocutor, así que proseguí con más tranquilidad:

—El supuesto engaño de tu amigo ha tenido un efecto devastador sobre tu vida porque ésta tenía una base demasiado frágil. Probablemente el cordero ya no podía alegrarte y la flor, tan centrada en sí misma, ya no era capaz de ofrecerte consuelo. Es evidente que tus quehaceres cotidianos no colmaban tu espíritu y que no cultivaste un arte o un oficio que te sirviera como refugio temporal. Posiblemente tu realidad entera se hubiera vuelto insípida y lo único que sostuviera la placidez de tus días fuese la nostalgia por tu amigo ausente. Por ello tiene sentido que cuando este único sostén se desmoronara, todo lo demás se viniese abajo. En realidad, tu mundo ya estaba vacío, como la flor que se había marchitado antes de que tú partieras. El supuesto engaño de tu amigo no fue más que el desencadenante, pero de ningún modo la causa de tu situación actual. Cuanto antes aceptes esto, más rápido podrás avanzar hacia su solución.

Sentí que, en su interior, se iniciaba una batalla entre la justificación y la aceptación y me apresuré a completar otra observación que parecía evidente:

—Si hubieras estado más seguro, si hubieras tenido más confianza en tus sentimientos, la hierba no habría podido meterse tan fácilmente en la grieta que se había abierto en tu corazón y no habría tenido una influencia tan perniciosa sobre tu vida.

El Joven Príncipe se dispuso a protestar, posiblemente en defensa de la hierba, pero con el aire que restaba en mis pulmones continué sin detenerme:

—¿Por qué muchas veces pensamos que es mejor quien trae el desengaño que quien nos ha regalado una ilusión?

La momentánea perplejidad provocada por mi pregunta me dio la pausa que necesitaba para continuar.

—¡Desconfía de aquellos que destruyen tus sueños con la excusa de hacerte un favor, porque generalmente no tienen nada bueno con qué reemplazarlos! —y me pregunté si no habría algo de sabiduría en la antigua costumbre de ejecutar al mensajero de malas noticias. Con los años he descubierto que la mayoría de los casos, las noticias no eran correctas, o el propósito de su portador no era el que aseguraba, o, si no había nada que yo pudiera hacer, habría preferido conocerlas lo más tarde posible. Proseguí entonces:

—Más tarde o más temprano, los sueños dejan de ser sueños. Incluso del sueño de la vida despertamos con la muerte, o quizás al revés. Con toda seguridad te digo que tu amigo te regaló el cordero más hermoso del mundo, el que imaginabas en tu fantasía, el único que podías cuidar y que podía acompañarte a tu pequeño planeta. ¿Acaso no disfrutaste de su compañía durante las puestas de sol? ¿No acudiste a su lado durante las noches para que no se sintiera solo y a la vez para no sentirte tú tan solo? ¿No pensaste que te pertenecía porque lo habías domesticado y que tú le pertenecías a él? No cabe duda de que era más real y tenía más vida que el que viste en la fotografía, porque éste era sólo un cordero, mientras que el que estaba en la caja era *tu cordero*.

En ese momento entendí por qué, cuando viajo, no llevo conmigo fotos de mis seres queridos: puesto que es más vívida la imagen que llevo de ellos en mi corazón.

Entonces me detuve, porque al volverme un momento hacia mi joven acompañante me di cuenta de que se le habían llenado los ojos de lágrimas, como si hubiese sentido durante mucho tiempo el deseo de llorar.

—Gracias —dijo el Joven Príncipe, y mientras amagaba un abrazo, apoyó su cabeza sobre mi hombro y, poco a poco, fue quedándose dormido.

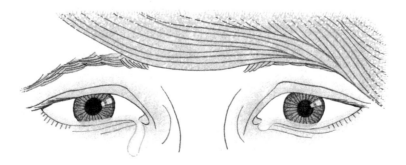

Capítulo X

Pocas horas después, cerca del anochecer, nos encontrábamos próximos a la localidad en la que había previsto pasar la noche. La carretera seguía tan desierta como durante el día, pero ahora podía verse algún que otro indicio de presencia humana: álamos blancos en las orillas del camino, o protegiendo algunas huertas del viento, un puñado de cabañas aisladas y algún alambrado para contener quién sabe cuántas ovejas.

A diferencia de los breves anocheceres en el asteroide del Joven Príncipe, los crepúsculos en la Patagonia son largos y silenciosos y en su transcurso, la mitad del cielo se tiñe con una amplia gama de tonalidades rosadas, lilas y moradas. Aquella tarde la puesta de sol era de tal grandiosidad, que sentí la necesidad de despertar al Joven Príncipe para que pudiera verla.

—¡Mira qué belleza! —le dije señalando el horizonte, y al hacerlo aparté un segundo los ojos del camino.

—¡Cuidado! —me advirtió el joven, pero fue demasiado tarde. Se produjo un fuerte impacto contra la parte delantera, el coche dio una sacudida y, al pisar el freno, pude ver por el espejo retrovisor un animal blanco tirado en la carretera, presumiblemente una oveja. Detuve el vehículo, salí de su interior y me dirigí a la parte delantera para comprobar los daños sufridos. El Joven Príncipe me miró como si no entendiera lo que estaba haciendo y se encaminó en dirección contraria. Al darme cuenta de que se disponía a ayudar al animal atropellado, dije:

—Ni lo intentes. Después de un impacto como ése, debe estar muerto. No habrá nada que podamos hacer.

Pero el joven, que había echado a correr hacia el bulto blanco, me gritó:

—¡Hoy me has enseñado que siempre hay algo que podemos hacer, aunque nosotros mismos no lo creamos!

Sus palabras resonaban en mis oídos mientras me inclinaba y verificaba que el único daño aparente era una abolladura. El Joven Príncipe había logrado hacerme sentir, al menos por un momento, que mi corazón era más duro que esa pieza de metal, que, a pesar de su frialdad, al menos había tenido la clemencia de ceder y doblarse.

Con algo de culpa por haber sido reprendido por el joven, me dirigí hacia él. Al acercarme, vi que había colocado sobre su regazo la cabeza de un enorme perro blanco, al que abrazaba y acariciaba. La escena era de una gran ternura, a pesar de los gemidos del animal moribundo.

Levanté los ojos y vi que un hombre corpulento se nos acercaba desde una cabaña cercana, con el rostro ensombrecido y un aspecto amenazante. Deduje que sería el propietario del perro. Pensé que sería prudente retirarse para evitar una discusión inútil y le dije a mi joven amigo que era mejor que nos marcháramos. Pero él no se movió y continuó acariciando al aterrorizado animal, que a todas luces estaba agonizando. El hombre seguía acercándose a nosotros, así que al detectar el posible peligro, pensé que lo mejor sería ofrecerle alguna compensación. Cuando llegó a nuestro lado saqué la cartera y musité unas palabras de disculpa, pero él, con un gesto de repugnancia, me indicó que no me moviera y permanecimos los tres en silencio durante unos minutos dolorosos. Incluso hoy, la imagen de aquel perro continúa grabada en mi memoria. Mi nuevo amigo tenía razón. Sí, claro que podíamos hacer algo. Mientras el Joven Príncipe lo miraba a los ojos amorosamente, el colosal perro blanco comenzó a perder el miedo, porque ya no se sentía solo. Tuve la sensación de que ese hombre rústico también percibía el cambio. Al final, su mirada casi humana parecía querer dar las gracias. Primero cerró el ojo izquierdo y luego el derecho. Y al fin su cuerpo entero se estremeció, una única vez, y quedó inmóvil.

El Joven Príncipe continuó acariciándolo unos minutos más. Una vez que tuvo claro que la vida lo había abandonado, se volvió por primera vez hacia el hombre, con los ojos llenos de lágrimas. Éste, con inesperada ternura, posó una mano curtida sobre los cabellos dorados y, tras apartarlo con delicadeza, tomó al perro muerto entre los brazos.

—Acompáñame —dijo dirigiéndose al joven. Como yo hice un ademán de seguirlos, me detuvo, diciéndome:

—No, usted no. Sólo él.

Y luego, para tranquilizarme, añadió:

—No se preocupe, es que se trata solamente de cosas que no tienen precio.

Capítulo XI

Resulta imposible describir las emociones que me embargaron en ese momento. Me sentí agraviado e incomprendido, puesto que mi reacción había sido la habitual en la sociedad insensible en que vivimos. Es más, la mayoría de las personas ni siquiera se hubiesen detenido, y de hacerlo, en lugar de ofrecer sus disculpas y una compensación económica como en mi caso, habría increpado al dueño del animal por dejarlo suelto y poner en peligro de accidente a los automovilistas. También me preocupaba lo que podía pasarle al muchacho, como si estar en compañía de otro ser humano fuese más peligroso que dejarlo abandonado al borde de la carretera, donde aquel mismo día lo había encontrado. Pensé que a menudo actuamos bajo la influencia del miedo y la desconfianza, en lugar de dejarnos guiar por un amor que con frecuencia reprimimos. La humanidad está condenada (o bendecida) por el hecho de que todos los seres humanos están unidos entre sí. Mientras uno solo de ellos padezca, nadie podrá ser totalmente feliz. Nada en el mundo nos es ajeno, ni su dolor ni su alegría, porque no deja de ser un mundo sufriente aunque haya placer, ni deja de ser placentero aunque haya dolor. Cuanto más se conoce el sufrimiento, más se disfruta luego de la felicidad. Por eso no debemos silenciar los sentimientos. ¡Nunca vivamos como extraños!

Mientras el sol se hundía majestuosamente en la oscuridad, un nuevo amanecer comenzaba a despertar en mi corazón. De repente vi que el Joven Príncipe regresaba solo, caminando como si llevara algo entre los brazos. Al acercarse a mí, comprobé que era un precioso cachorro blanco. No podía creerlo: el hombre al que acabábamos de quitar un amado compañero nos ofrecía una nueva vida como regalo.

Era un milagro de amor y la primera lección que recibía del Joven Príncipe. Yo había compartido con él mi experiencia por medio de palabras y él, como un verdadero maestro, me mostraba la sabiduría en silencio. Nunca como en aquel instante vi con tanta claridad, que un centenar de libros sobre el arte de amar no añaden nada a un simple beso, ni un centenar de discursos sobre el amor, a un solo gesto de cariño.

—Es un cachorro de kuvasz —dijo—. ¿Lo sabías?

—Sí —respondí—. Proceden del Tíbet, y hoy pueden encontrarse también en algunas regiones de la Europa Oriental.

—El hombre ha pensado que yo lo cuidaría bien —me explicó sin dejar de observar y acariciar a su nuevo compañero—. Lo voy a llamar *Alas*, en recuerdo de mi amigo aviador, porque es tan blanco y tan suave como las nubes.

Su voz había adquirido una dulzura que hasta entonces no había percibido en él. Así, los tres subimos al coche y continuamos la marcha reconfortados, hacia el hotelito en el que pasaríamos la noche. A partir de aquel momento, el Joven Príncipe recuperó su natural alegría con increíble rapidez.

Después de cenar logramos que se permitiera a Alas compartir la habitación con nosotros. El cachorro sólo estuvo tranquilo cuando mi joven acompañante lo subió a la cama con él abrazándolo sobre su pecho. Al poco tiempo, los dos se quedaron dormidos. Una leve sonrisa afloró en el rostro del Joven Príncipe y supe que cuando alzara el vuelo en sus sueños, Alas iría con él.

Capítulo XII

A la mañana siguiente volvimos temprano a la carretera, asombrados por la inmensidad que se abría ante nosotros. A pesar de su aridez, el paisaje no carecía de atractivo, quizá porque llevábamos en nuestro interior el deseo de admirarlo. El Joven Príncipe acariciaba distraídamente a Alas, cobijado en su regazo. Advertí que algo lo preocupaba, pero respeté su silencio. Al cabo de un rato, por fin dijo:

—No quiero ser una persona seria.

—Eso está bien —respondí.

—Pero debo crecer —continuó.

—Sí, en efecto —asentí.

—En ese caso, ¿cómo puedo crecer sin convertirme en una persona seria? —preguntó el Joven Príncipe, revelando la idea que lo preocupaba.

—Ésa es otra buena pregunta —respondí—. Tan buena que, de hecho, nunca le encontré una respuesta adecuada. Cuando somos jóvenes salimos al mundo, un mundo muy distinto del que conocimos cuando estábamos con nuestros padres, al menos quienes tuvimos la suerte de que nos contaran cuentos de hadas con poderes mágicos e historias de príncipes y princesas en castillos encantados. Y en ese instante nos encontramos con el egoísmo, la incomprensión, la agresividad y el engaño. Tratamos de defendernos y de preservar nuestra inocencia, pero la injusticia, la violencia, la superficialidad y la falta de amor nos atormentan. Y entonces nuestro espíritu, en lugar de propagar luz y felicidad a su alrededor, comienza a temblar ante el avance doloroso pero implacable de la realidad. Algunos llegan a abandonar el tesoro de sus sueños y afirman su vida en la ilusoria seguridad del pensamiento racional. Se convierten en personas serias, que adoran los números y las rutinas, porque les proporcionan una aparente seguridad. Sin embargo, como la seguridad nunca termina de ser completa, no consiguen ser felices. Comienzan a acumular cosas pero siempre les falta algo. El *tener* no los hace felices, porque los aleja del *ser*. Se centran tanto en los medios que descuidan el fin.

—Y entonces, ¿por qué, si no los hace felices, los adultos dedican la mayor parte de sus vidas a obtener más y más cosas? —preguntó con toda lógica el Joven Príncipe.

—Pensar que la felicidad depende de conseguir cosas es un autoengaño tranquilizador. Como lo importante se convierte en tener o no tener, la búsqueda se orienta hacia algo que está fuera de nosotros, lo que evita tener que mirar hacia nuestro interior. Siguiendo este razonamiento, podemos ser felices sin cambiar, sólo consiguiendo esto o aquello.

—¿Y la gente no se da cuenta de eso? —preguntó el Joven Príncipe, que se resistía a creer que la humanidad pudiera estar tan ciega en ese sentido.

—Lo que sucede, mi joven amigo, es que nuestra sociedad ha multiplicado de tal manera las cosas que pueden adquirirse que la gente no se da cuenta de que ha tomado el camino equivocado hasta que no consigue la última de ellas. Ya sabes cómo se aferran a cualquier posibilidad, por mínima que sea, con tal de no admitir que están equivocados y que deben cambiar. El problema es que cuando consiguieron hacerse por fin con esa última cosa, han perdido algunas de las primeras. Son como esos malabaristas que hacen juegos con siete sombreros a la vez sin que ninguno de ellos se caiga. ¡Y lo hacen sólo con siete! Además la gente únicamente sabe lo que quiere a continuación, cuando está próxima a conseguir lo que quería. Entonces lo que era su objetivo final no lo es en realidad y así malgastan la vida en una búsqueda inútil, saltando de una cosa a la otra, como si estos objetos fuesen las piedras de un río que nunca llegarán a cruzar. Por lo general, quienes buscan tener más y más quedan atrapados en el futuro. Nunca sienten el presente ni disfrutan de él, porque su atención está centrada en algo que tiene que suceder a continuación.

—¿Y qué podrían hacer a cambio? —preguntó mi joven amigo mientras acariciaba a Alas, que seguía dormido en su regazo.

—Simplemente zambullirse en la realidad del ser y dejarse llevar por ella. Concentrarse en vivir, sentir y amar cada momento, y no obsesionarse tanto con el objetivo final del viaje. A fin de cuentas, el sentido de la vida es precisamente eso: experimentar, sentir. Cuando se presenten obstáculos, podrían transformarse y adoptar nuevas formas que los reafirmen en su esencia, como un río que altera sin descanso la dirección de su curso y la amplitud de su lecho. Lo más importante es estar plenamente atento y consciente, con los sentidos despiertos, con toda nuestra capacidad de amar intacta, para ser, disfrutar y crear, aquí y ahora, sin quedar atrapados en el pasado ni en el futuro.

—¿Entonces debemos renunciar a los recuerdos? —intervino de repente el Joven Príncipe, supongo que porque el recuerdo de la flor y de su amigo eran muy importantes para él.

—No, todos los buenos recuerdos y las experiencias gratificantes que llevas contigo pueden ofrecerte consuelo en los momentos difíciles o cuando te sientas solo. Lo que debes evitar es aferrarte a ese pasado, que es seguro, porque podrías quedar atrapado en él, y negarte a vivir las experiencias del presente. El pasado es seguro porque está cerrado, muerto. A pesar de lo cual, algunos prefieren la quietud y la seguridad de la muerte antes que la incertidumbre de la vida, con sus diversas posibilidades de sufrimiento y alegría.

Al cabo de un momento agregué:

—Otro modo que tienen los recuerdos de conspirar contra tu felicidad presente es que trates de sentir las mismas cosas que sentías en el pasado. Eso nunca ocurrirá. Así como el agua de un río nunca es la misma, tampoco se repiten exactamente las situaciones en la vida. Sin embargo, resulta extraordinario comprobar la cantidad de gente que queda atrapada tratando de revivir las mismas experiencias. Esto les impide disfrutar de otras nuevas, tanto o más placenteras que las anteriores. En esto, el hombre se parece a aquel animal que regresa una y otra vez al lugar en el que una vez encontró comida, hasta morir de hambre, simplemente por no explorar un poco más allá.

Durante largo rato, permanecimos los dos sumidos en nuestros pensamientos sin nada que los distrajera, pues aquel paisaje tenía la virtud de guardar un respetuoso segundo plano.

Cuando finalmente el Joven Príncipe habló, me tomó por sorpresa.

—Gracias —dijo.

—¿Por qué me das las gracias? —pregunté.

—Por salvarme de la infelicidad —respondió.

—¿A qué te refieres? —quise saber.

—Bueno, he estado pensando en lo que dijiste y descubrí que había un pensamiento profundamente arraigado en mi mente: que no volvería a ser verdaderamente feliz hasta encontrar otro amigo como mi añorado aviador. Sin embargo, ese pensamiento contiene los tres obstáculos para la felicidad que has mencionado antes. Primero, la necesidad de *alguien como él*, que me haría no reparar en otras personas distintas pero quizás igualmente nobles e interesantes. Segundo, la cuestión de la *seguridad*, porque nunca estaría totalmente seguro de haber encontrado a alguien idéntico a él. Y tercero, la *búsqueda*, que haría que me centrase en un suceso futuro, en alguien que podría llegar a conocer, sin valorar a quienes ya están a mi lado.

—Veo que me has entendido a la perfección —reconocí con el mismo orgullo que sienten los maestros al encontrarse frente a su mejor alumno.

—Nunca se puede estar demasiado atento —dijo el Joven Príncipe.

—No, nunca —repetí, y ambos sonreímos. En silencio, advertí que aún perduraba algo en su expresión que lo ataba a la tristeza del pasado, pero decidí esperar para averiguarlo.

Mientras el automóvil continuaba devorando con calma la carretera como si fuese un interminable fideo gris, sentí que disminuía mi ansiedad por llegar, pues comenzaba a disfrutar cada momento de aquel viaje.

Capítulo XIII

Como era casi la hora de comer y temiendo que Alas pudiera dejar un principesco regalo sobre la capa de mi amigo, decidí parar en un restaurante que apareció de repente a un lado de la carretera, frente al cual estaban estacionados un par de vehículos. Al entrar noté que, en una mesa donde almorzaba una familia, cinco pares de ojos infantiles miraron asombrados el atuendo del Joven Príncipe. Rápidamente me dirigí a una mesa situada en el otro extremo, pero ni aun así pudimos contener la algarabía, tan grande como si acabara de entrar uno de los tres Reyes Magos sin su camello.

Me di cuenta de que la reacción de los niños perturbaba a mi amigo, que se sentó de espaldas a todos ellos. Los esfuerzos del padre por tranquilizarlos, agitando la pata de pollo que tenía en la mano, no dieron demasiados frutos, puesto que también él estaba intentado resolver el misterio de nuestra pintoresca apariencia. La madre, sentada de espaldas a nosotros, continuó comiendo sin demostrar la menor preocupación, como si una sordera selectiva le permitiera aislarse de vez en cuando del escándalo que organizaban aquellas endemoniadas criaturas. Mis comentarios durante la comida estuvieron enfocados a reforzar la autoestima de mi amigo, un poco afectado debido a la reacción provocada por algo tan trivial como la vestimenta. Le hablé de la importancia de las diferencias y la variedad, que eran el único modo de enriquecer un grupo.

—Si no pudiera distinguirse a las flores por su perfume, su forma o su color, nunca nos detendríamos a contemplar una en particular. Las diferencias —añadí— son lo primero que nos atrae y al admirar esa flor, la hacemos única.

Interiormente, lamentaba que aquellas cosas que nos atraen y complementan se usen a veces para separarnos y dividirnos. Mientras nos lanzábamos sobre un suculento plato de carne asada con papas y ensalada, comenté que muchos de los genios de la humanidad habían sufrido el rechazo de sus contemporáneos, aunque sin ese antagonismo la humanidad no hubiera evolucionado. Critiqué la mediocridad de aquellos que, al ver que se enciende una llama de creatividad, corren a apagarla como una cuadrilla de bomberos, en lugar de permitir que se airee para generar su fuego transformador.

—Mi querido amigo —dije poniéndole una mano en el hombro—, debes perdonar que la primera reacción de la gente sea fijarse en el aspecto exterior. Pero si estás seguro de ti y confías en los valores que te guían, finalmente te aceptarán, aunque sólo sea para presumir en su círculo de amigos de que conocen a una persona tan especial como tú.

Luego, reclinándome en mi asiento, agregué:

—Claro que también hay un modo más sencillo y fácil de relacionarte con las personas…

—¿Y cuál es ese modo? —quiso saber el Joven Príncipe, algo más animado.

—Hacer justamente lo contrario. En lugar de atraer su atención por el aspecto exterior y tratar de conseguir que conozcan cómo eres por dentro, puedes optar por confundirte con ellos, imitar su apariencia y luego distinguirte como alguien único y especial por tus propios valores —le expliqué.

—¿Qué harías tú? —me preguntó mirándome fijamente. Lo pensé un rato antes de responder:

—En el primer caso, mucha gente se te acercará o guardará las distancias y elaborarán prejuicios positivos o negativos sin haberte conocido demasiado, basándose únicamente en tu apariencia. Lo bueno es que llamarás la atención de muchos y lo malo, que algunos de ellos se alejarán de ti para siempre. En el segundo caso, en cambio, no llamarás la atención y mucha gente ni se enterará de tu existencia, o lo harán mucho después. Si fuera mía la decisión, tomaría el segundo camino, más discreto y más lento, pero más profundo. Pero en cualquier caso, lo importante es que no dejes de ser tú mismo para adaptarte a los gustos de los demás.

—¿No te preocupa que tu mensaje se pierda y que mucha gente no llegue a enterarse tan sólo de que has pasado por este mundo? —preguntó el muchacho.

Me di cuenta de que trataba de disimular el miedo de no encontrar nunca a la persona que estaba buscando. Recuerdo haber respondido que sólo creo en la grandeza de una persona si es aceptada como tal por gente que la conoce, porque si consigues transmitir de verdad algo importante, aunque únicamente sea al pequeño grupo que te rodea, puedes estar seguro de que esa luz se abrirá paso a través de un horizonte de tinieblas, al igual que el resplandor de una estrella lejana atraviesa miles de años de oscuridad para llegar hasta nosotros.

—En cuanto a las personas —añadí con énfasis mirándolo a los ojos—, estoy convencido de que siempre se cruzará en nuestro camino la que nos está destinada. Nos corresponde a nosotros reconocerla y distinguirla de las demás.

Así fue como el Joven Príncipe decidió cambiar su vestimenta, y cuando salimos de una pequeña tienda del pueblo, llevaba ropa juvenil, zapatillas deportivas y una gorra puesta del revés, bajo la que asomaban los dorados mechones de su hermoso cabello. Nadie hubiera podido distinguirlo entre los centenares de miles de muchachos de su edad.

—A fin de cuentas, tú naciste príncipe —concluí con una sonrisa, tratando de hacerlo sentir especial en su primera incursión por nuestro mundo de miserias y maravillas. Pero él me contestó:

—Todos nacemos príncipes, algunos no lo saben otros lo olvidan… Mi reino ya sólo existe dentro de mí, y echó a correr pateando una pelota que se les había escapado a un grupo de chicos que jugaba en la calle, mientras Alas lo seguía tratando de morderle los tobillos.

Y en este punto, mi querido lector, debo pedirte a ti y a los amigos del Joven Príncipe que perdonen mi intervención, porque de ahora en adelante será imposible reconocerlo a primera vista. Aunque sé, sin embargo, que no tendrán dificultad en identificarlo aquellos que mantengan bien abiertos los ojos del corazón.

Capítulo XIV

Cuando estábamos de nuevo en la carretera, el Joven Príncipe se volvió hacia mí y me dijo:

—Cuéntame cómo conseguiste no convertirte en una persona seria, por favor.

Parecía que la idea de que crecer implicaría alguna transformación en ese sentido, lo preocupaba mucho.

—Había comenzado a comentarte —le dije— que algunas personas abandonan sus sueños e ideales para centrarse en tener más y más, como si el poder y las posesiones les dieran seguridad. A veces la búsqueda de éxito y reconocimiento es una huida hacia adelante, porque no han tenido el coraje de ser ellos mismos, de afrontar la crítica y la desaprobación por asumir su verdadero ser y seguir su auténtica vocación. Otras veces son personas obsesionadas con el control, que manipulan la realidad y la ordenan con relación a sí mismas. Juzgan a las demás personas y las clasifican, colocándolas en pequeños nichos físicos y mentales de los que difícilmente podrán moverse. De este modo paralizan la ilimitada riqueza transformadora del universo y del amor humano. Si los padres pusieran tanto empeño en instruir a sus hijos en el amor, como lo ponen en exigirles orden y disciplina, el planeta sería un sitio mucho más agradable para vivir.

—¿Quieres decir que tanta disciplina no es buena? —preguntó el Joven Príncipe.

—Lo que normalmente entendemos por *disciplina* es imponer nuestro sentido del orden, humano y limitado, al de la naturaleza, que es divino y por lo tanto superior. El hombre debe tener mucho cuidado al ordenar la naturaleza en su propio beneficio, puesto que el resultado obtenido suele ser el contrario al deseado: un desorden natural que se vuelve contra él. La contaminación del planeta, la extinción de las especies vegetales y animales, el agotamiento de los recursos naturales y muchos otros casos son ejemplos negativos de la disciplina y el orden humano.

—Entiendo lo que dices —asintió el Joven Príncipe con aire pensativo—. En mi viaje anterior conocí a un hombre que pretendía controlar las estrellas. Se pasaba los días contándolas y sumándolas, y luego escribía los resultados en un papelito y lo guardaba en un cajón. Pensaba que, de este modo, las poseía.

—Veo que has notado lo mucho que le gustan los números a la gente seria. Nunca están satisfechos —continué— hasta que conocen la altura exacta de una montaña, el número de víctimas de un accidente o el dinero que ganas en un año, por mencionar sólo algunos ejemplos. En realidad no poseemos completamente nada fuera de nosotros mismos.

—He oído que en este planeta también se ordena a la gente dándoles un número —expuso él con aprensión. Su comentario me hizo pensar en números de pasaporte, números de la seguridad social, números de teléfono, números de la tarjeta de crédito…

—Así es. Hay tanta gente en la Tierra que no parece haber otro modo de identificarnos. No basta con los nombres… —respondí con un dejo de tristeza.

—Déjame ver dónde llevas tus números —dijo el Joven Príncipe con curiosidad, esperando que yo desnudara alguna parte de mi cuerpo.

—No, no los tenemos grabados en ninguna parte —respondí con una sonrisa mientras le enseñaba algunos de los documentos de mi cartera. Mi expresión cambió al recordar algunos ejemplos aberrantes de aquello que yo acababa de negar, situaciones que me habría costado poder explicarle.

—Puede que en un futuro cercano —aventuré pensando en voz alta— nuestro código genético pueda identificarnos con una clave única y personal. Le pido a Dios que el resultado no termine restringiendo la libertad de cada ser humano.

—¿Qué quieres decir? —preguntó el muchacho al notar la preocupación en mi voz.

—Quiero decir que el hombre ha sido creado por Dios como un ser espiritual, con una chispa de libre albedrío, conciencia de sí mismo y esa capacidad de imaginar y pensar que llamamos *alma*. Por eso los seres humanos no podemos dar lo mejor de nosotros mismos, como el amor o la creatividad, si no somos libres.

—¿Dios? ¿Quién es Dios? Antes has hablado de él como si fuera el causante de muchas de las cosas que suceden aquí, o como si fuese capaz de resolverlas.

—¿Que quién es Él? Ni siquiera sé si deberíamos preguntar *¿quién es?*, o *¿qué es?*

—Pero hablas de él….

—Sí, sí —lo interrumpí—. ¿Cómo no voy a hablar de Él…? —respiré hondo y dejé que pasaran unos minutos mientras el Joven Príncipe me miraba con asombro—. Si supiera lo que es Dios, lo sabría todo. Se ha dicho que Él es lo que es, su propio principio y su propio fin, y por consiguiente el principio y el fin de todo lo que existe. Otros lo han imaginado como un resurgimiento eterno, una incesante sucesión de efectos y causas. Algunos lo definen, conforme a nuestras ideas de perfección, como el bien o la belleza, o lo bautizan como el verbo, el creador, la verdad y la sabiduría suprema.

—Se diría —repuso mi compañero de viaje— que los hombres es más lo que ignoran que lo que saben de Dios…

—Yo también pienso así, puesto que la limitada inteligencia humana es incapaz de aprehender una idea infinita. Lo que más me avergüenza es que, aún hoy, la gente, en su ignorancia, sigue matándose por las diferentes respuestas que puede ofrecer esta cuestión —esto pareció sobresaltar al Joven Príncipe, así que lo tranquilicé con una sonrisa—. Descuida, ¡no soy tan primitivo!

—¿Y hay más preguntas por las que se pelea la gente? —me interpeló, deseando saber lo que le esperaría en nuestro intolerante y violento planeta.

—Sí, muchas, pero ninguna ha exacerbado tanto odio como el cuestionamiento de lo divino, cosa que demuestra un escaso desarrollo de la propia conciencia. Aunque últimamente ha sucedido algo todavía peor: la gente ya no se pregunta sobre Dios en los espacios silenciosos de su mente, como si ya no les importara por qué razón están vivos.

—¿Y tú qué crees? —me preguntó con la esperanza de que pudiera brindarle un poco de luz sobre un asunto que parecía tan turbio y confuso.

—Yo prefiero sentir a Dios dentro de mí como una necesidad de unirme a todas las criaturas vivientes, como una energía amorosa que nos sustenta a todos y al universo entero —estas palabras parecieron tranquilizarlo y permaneció un rato en silencio, pensativo.

—Supongo que los animales tampoco pueden dar lo mejor de sí mismos si los encerramos en una jaula —señaló el joven, recordando, tal vez, al cordero encerrado en la caja, mientras pasaba sus dedos por la cabeza del dormido Alas.

—Hay algunos que encierran a sus hijos o a otras personas en jaulas con barrotes de exigencias, expectativas y miedos —reflexioné—, sin darse cuenta de que todo lo que se impone como obligación provoca necesariamente resistencia. En este sentido, todo lo que conduzca a la inmovilidad y la falta de espontaneidad va en contra de la renovación que caracteriza a la vida. Después de todo, es fácil comprobar que no hay nada tan ordenado y seguro como un cementerio.

—Entonces, ¿el orden no es necesario? —preguntó el Joven Príncipe, todavía inseguro con respecto a la cuestión.

—Existe un orden externo que necesitamos para sentirnos cómodos, en un grado distinto para cada uno de nosotros. Pero el orden que realmente importa es el del espíritu, que debe estar orientado hacia Dios, puesto que de Él venimos y hacia Él vamos. Sin embargo, no se trata de un orden fijo, sino de constante evolución y crecimiento de nuestro ser espiritual.

—¿Cómo sabes tantas cosas? —inquirió, sorprendido por mi capacidad de encontrar respuesta a sus preguntas.

—Gracias a mi experiencia y mi intuición —contesté.

—¿Y cómo sabes que tienes razón?

—Gracias a mi experiencia y mi intuición —volví a responder.

—¿Y nunca te equivocas? —me interrogó con admiración.

—Pues claro que me equivoco, y entonces a mi experiencia agrego ese error. Verás, no puedo decir que lo que creo sea una verdad absoluta, sino sólo que es un conocimiento que a mí me ha resultado útil en la vida. Tú deberías hacer lo mismo. No creas nada de lo que yo te diga. Simplemente tómalo y fíjate si a ti te sirve.

—¿Y dónde puedo encontrar esa experiencia? —quiso saber el Joven Príncipe.

—En la vida —respondí—. Mi experiencia está formada por todo el tiempo que he tenido para cometer errores y por mi capacidad de sobreponerme a ellos. Si eres inteligente, lograrás incorporar a tu experiencia los errores cometidos por otros, sin necesidad de repetirlos. Los libros, los maestros y las historias de otras personas pueden abrir caminos, pero al final eres tú el que ha de decidir qué conocimientos debes aceptar.

Al ver su expresión me percaté de que todo esto le sonaba un poco vago. Es indudable que los jóvenes aprenden mucho más de nuestros ejemplos que de nuestras palabras.

En ese punto, la carretera avanzaba paralela a un río que serpenteaba por el fondo de un profundo cañón.

A ambos lados, las elevaciones de los Andes exhibían extrañas e irregulares formaciones rocosas. Una de ellas nos llamó la atención: era una roca alargada que se erguía hacia el cielo desde el filo de un cerro. Un cartel indicaba su nombre: «El dedo de Dios».

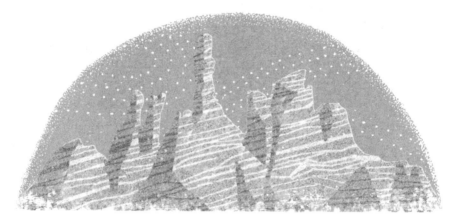

Sonreí al pensar en cómo los lugareños se habían apresurado a ponerle un nombre sagrado antes de que los viajeros descubrieran otras similitudes.

Por mi parte, me resultaba más fácil imaginar, como lo había hecho Miguel Ángel en la Capilla Sixtina, que el dedo de Dios se extendía hacia los hombres y no a la inversa. En ese momento acudió a mi mente el ejemplo que necesitaba.

—La experiencia —dije, y mi amigo se volvió hacia mí— es como un mapa. Por desgracia, en lo que respecta al futuro, es un mapa incompleto. Por esa razón, todos los días debes confirmar las suposiciones que hayan sido correctas y desechar las que no lo fueron.

—¿Y la intuición? —preguntó incansable el Joven Príncipe. Era evidente que, en el interior de aquel coche, nadie iba a felicitarme por la eficacia de mis ejemplos.

—La intuición es la primera percepción que tienes sobre una persona o una situación. Generalmente es correcta. Por desgracia, nuestra sociedad ha sobrevalorado el conocimiento deductivo racional, que es más lento y, aunque puede resultar útil en la ciencia, no es fácil de aplicar a los asuntos humanos. En cambio, el conocimiento intuitivo es instantáneo e integral.

—Creo que mi flor era intuitiva —señaló él—, porque sabía cosas antes de que yo se las dijera. Tal vez por eso los hombres y las flores a veces no se entienden entre sí.

Capítulo XV

Estaba totalmente inmerso en el placer de conducir por la sinuosa carretera, que ahora seguía la orilla de un lago entre bosques de pinos. Con cada cambio de marcha, el vibrante sonido del motor ascendía como un estremecimiento por mi columna vertebral. En aquel momento tan especial para un amante de los automóviles y la velocidad, la repentina interferencia del muchacho cayó sobre mí como una nevada en primavera.

—Estabas hablándome sobre la gente seria —me recordó—. ¿Qué más sabes sobre ellos?

—Algunas cosas —murmuré resignado, al pensar que habría sido infructuoso explicarle que acababa de interrumpir una incomparable sinfonía mecánica—. Después de todo, yo mismo estuve a punto de convertirme en un distinguido miembro de esa especie.

—¿Y qué te lo impidió? —quiso saber el Joven Príncipe, que siempre apuntaba al centro de la cuestión.

—Al fijarme en la gente seria que me rodeaba, todos ellos personas respetables y con éxito, me di cuenta de que ninguno era realmente feliz.

—No irás a decirme que el orden y la disciplina los hacía infelices, ¿verdad? —insistió un poco sorprendido.

—No —respondí—. Lo que sucede es que la gente seria a la que le gusta el orden, en la mayoría de los casos, detesta las sorpresas y todo aquello que se escapa a su control. Pero cuanto mayor es el control que ejercen, menos disfrutan. Les gusta vivir de un modo que gira en una órbita exacta y predecible, un mundo sin magia y sin asombro. Los cambios, por pequeños que sean, les provocan enojo o preocupación y nuestra inestable realidad esconde incontables oportunidades para ambas cosas.

—Eso que dices me recuerda a un farolero que no era capaz de desviarse de su rutina —explicó el Joven Príncipe—. Cuando su planeta empezó a girar a mayor velocidad, su trabajo se hizo infernal.

—Bueno —contunué—, el paso de esta gente por la vida es tan brillante y fugaz como su nota necrológica, aunque acumulen numerosas medallas y diplomas. Nadie se atreve a añadir una nota al pie que diga: «Y a pesar de todo esto, no fue feliz». El cielo escribe en su bóveda el epitafio que merecen con estrellas fugaces.

—Nadie debería enorgullecerse de ser una estrella fugaz —señaló.

—No, en efecto —convine, y luego añadí—: Son como pequeñas llamas que se extinguen con rapidez, como luciérnagas en la noche de los tiempos.

»Y luego están esas otras personas —proseguí con mi reflexión— que, cuando se enfrentan a la realidad, incapaces de renunciar a sus ideales (como personas serias que son), tratan de protegerlos tanto que terminan construyendo un muro a su alrededor, que sólo sirve para asfixiar su propio espíritu. A veces dicho muro está tan perfectamente construido que no pueden encontrar ni una grieta para volver a entrar. Así que se quedan en el exterior, como marionetas sin hilos que las manejen, como fantasmas que no saben quiénes son, de dónde vienen ni hacia dónde van. Su mundo vaga sin rumbo y, con el paso del tiempo, se vuelve tan frío como un cometa errante.

—No quiero ser un cometa errante —señaló el Joven Príncipe, antes de preguntar—: ¿Qué es un fantasma?

—Un fantasma es una imagen sin contenido, una sombra, una apariencia sin sustento —y añadí—: Hay gente que cree que los fantasmas no existen. Yo, en cambio, creo que sí y que son numerosos, vaya donde vaya. Para mí, los fantasmas son las personas que no tienen corazón.

—Tampoco quiero ser un fantasma —reflexionó el Joven Príncipe, cada vez más consciente de las dificultades que entrañaba crecer.

—En ese caso no traiciones a tus deseos, ni los entierres dentro de ti hasta que mueran por inanición.

Aprende a combinar lo que es real con lo que anhelas. Da lo mejor de ti en todo lo que hagas, de modo que refleje tu espíritu, y ofrece lo mejor de ti a cada persona, para que refleje tu amor. Verás que el mundo se convierte en uno de esos espejos de aumento, que irradia y te devuelve en mayor medida todo lo que desinteresadamente diste. Porque la única manera de rodearte de sonrisas es sonreír y la única manera de rodearte de amor es darlo a los demás. Llega un momento en que te encuentras entre un mundo centrado en ti, en la infancia, y un mundo abierto a los demás, en la madurez. Es entonces cuando debes despojarte de tus caprichos, rigideces y egoísmos, para crecer en la convicción con que vas a defender los principios más nobles. Ámate a ti mismo y de esa forma podrás amar a los otros. Ama tus sueños, para poder construir con ellos un mundo cálido y hermoso, lleno de sonrisas y abrazos. Será un mundo en el que desearás vivir, y que girará en una órbita multicolor. Si de verdad crees en él y lo vas construyendo poco a poco con cada gesto cotidiano, ese mundo se volverá posible para ti. Y será la recompensa a tus merecimientos, porque nunca he visto a nadie disfrutar plenamente de una felicidad inmerecida. Sólo las personas que aman de verdad son como estrellas, y su luz sigue brillando sobre nosotros después de haberse ido.

Noté la emoción y el fervor que había en su voz al decir:

—Cuando muera, quiero ser una estrella. Enséñame a vivir para que pueda ser una estrella —y abrazado a su perro, apoyó la cabeza en la ventana.

—No podría enseñarte fórmulas precisas —respondí con ternura—, no soy maestro en estrellas. Lo único que puedo ofrecerte son las cosas que he aprendido en mi vida, un puñado de verdades que, como todas las verdades, sólo pueden transmitirse a través del amor. Tú, como todos nosotros, llevas en tu interior la capacidad de amar y es todo lo que necesitas. Cuando tengas dudas, busca dentro de ti, y si tienes la paciencia suficiente, siempre hallarás la respuesta.

Pero ya no me escuchaba… Quizá descubrió que en el país de los sueños, todos podemos ser príncipes y estrellas.

Capítulo XVI

Aquella noche nos alojamos en una hermosa posada a orillas de un lago, rodeada por un bosque de grandes dimensiones. Era una construcción de madera y piedra, y contaba con agradables chimeneas en las que crepitaba el fuego. Las paredes de cada habitación se hallaban revestidas con papel pintado cuyos motivos y colores estaban inspirados en su nombre. La nuestra se llamaba *La pradera*: era de color verde claro y los motivos eran plantas y flores silvestres. Las normas de la casa hicieron que Alas durmiera solo aquella noche, en un pequeño aunque cálido cuartito. De todas formas pensé que a mi amigo no le sería fácil separarse física y emocionalmente de aquel cachorro.

No debí sorprenderme cuando, al bajar a cenar, me encontré en el comedor a la misma familia bulliciosa que habíamos visto a la hora del almuerzo, puesto que en aquella zona, los hoteles no abundan. Como es natural, nuestra entrada provocó el mismo revuelo que unas horas antes, lo que demostraba la veracidad del dicho: «Hagas lo que hagas, nunca lograrás conformar a los demás». Sin embargo, con el transcurso de la cena, quizás a causa del cansancio de niños y adultos, la atmósfera en su mesa fue volviéndose tan desagradable que nos hizo sentir muy incómodos por la agresividad y la violencia apenas contenida. El niño más pequeño lloraba desconsoladamente. Otro estaba castigado y no le permitían cenar. A un tercero lo obligaron a terminarse un pescado que, evidentemente, no le gustaba. Los otros dos mantenían los ojos clavados en sus platos, sin atreverse a comentar nada sobre la situación de sus hermanos. Todo esto afectó profundamente a mi joven amigo, poco acostumbrado a las peleas familiares, hasta el punto de que pareció perder las ganas de comer. Y entonces realizó el segundo milagro de amor de nuestro viaje: se levantó de la mesa, fue a buscar a Alas y, llevándolo en los brazos como a un mullido bebé blanco, se lo ofreció a los niños como regalo. Éstos, con los ojos radiantes de alegría, alargaron las manos para acariciarlo.

El gesto y la actitud del Joven Príncipe fueron tan conmovedores que los padres quedaron enmudecidos. Cuando por fin pudieron reaccionar y trataron de rechazar el obsequio (a buen seguro con toda clase de razones sensatas), Alas ya formaba parte de sus vidas. A duras penas alcanzaron a mirarme, como si yo, el supuesto padre, tuviera que autorizar el regalo. Cuando moví afirmativamente la cabeza sonriendo, su suerte quedó sellada. Al día siguiente serían ocho en el camino.

A partir de este momento la felicidad regresó al comedor y mi joven amigo pudo disfrutar de su comida, interrumpida frecuentemente por los saludos y las risas de los niños y los ladridos de deleite de Alas, que por entonces contaba con cinco amos dispuestos a jugar con él y a satisfacer hasta la última de sus necesidades.

—Es maravilloso que hayas podido hacer eso, especialmente con esos niños que se habían burlado de ti esta mañana —comenté para ver cómo reaccionaba. Pero su respuesta fue:

—Tú me hiciste ver que los había provocado con mi insólita apariencia y es normal que los niños reaccionen de manera espontánea. Además, no podía seguir soportando la tensión y sentí el impulso de hacer algo para aliviarla. Alas estuvo a mi lado, brindándome felicidad cuando más la necesitaba. Es bueno que alegre ahora a otros corazones.

Con esta reconfortante experiencia llegaba a su fin la segunda jornada de nuestro viaje. Una vez más, sentí que el Joven Príncipe había superado con un solo gesto todas mis prolijas explicaciones.

Capítulo XVII

Después de un sueño reparador, desperté algo más tarde de lo habitual. Miré hacia la cama de mi compañero de habitación, pero no estaba allí. Al abrir las cortinas lo vi de pie y solo junto a la orilla del lago, tan inmóvil como sus aguas. Los primeros rayos del sol estaban disolviendo los últimos restos de una neblina, como algodón de azúcar que se funde en la boca de un niño. Todo el paisaje irradiaba una sensación de inmensa paz. Después de desayunar volvimos a ponernos en camino. Antes de partir nos dimos cuenta de que el coche de la bulliciosa familia ya no se encontraba allí. Tras un cuarto de hora por un camino de tierra, abrigado por la sombra de cedros, abetos y araucarias, estábamos próximos al lindero del bosque. Y entonces, de improviso, el Joven Príncipe exclamó:

—¡Para, por favor!

—¿Qué sucede?

—¡Para el coche, por favor! —repitió con evidente inquietud. En cuanto lo hice, salió de él y se adentró unos veinte metros en el bosque sin decir una palabra más. «Ah, conque se trataba de eso…», me dije con un suspiro de alivio, sorprendido de que las necesidades corporales asaltaran a mi amigo de manera tan repentina.

Pero entonces descubrí con amargura que no era aquello lo que había provocado su reacción. A diferencia del primer día, cuando caminaba hacia mí con ojos luminosos, esta vez su mirada reflejaba el dolor del desengaño, mientras venía sosteniendo a Alas acurrucado entre sus brazos.

No podía creer que alguien fuera capaz de abandonar a una criatura tan tierna.

Alas gemía y temblaba mientras, dominado por el miedo, lamía desesperadamente las manos y la cara del Joven Príncipe. La alegría que había sentido al vernos de nuevo era más que evidente.

—No han podido ser los niños —sugerí tratando de adivinar los sentimientos de mi amigo ante semejante crueldad—. No entiendo por qué no lo han dejado en la posada para que nos lo devolvieran. Con una nota de agradecimiento o de disculpa hubiera sido suficiente —me quejé mientras él permanecía en silencio.

Tantas emociones habían dejado al cachorro sin fuerzas y, en cuanto volvimos a estar en camino, se quedó dormido sobre el regazo del muchacho, que continuó acariciándolo durante largo rato.

Una vez más, la carretera abandonó el valle y se adentró en un paisaje inhóspito cuya solitaria vastedad invitaba más al pensamiento que a la conversación.

Ninguno de los dos se atrevió a romper el silencio, como si no hubiera palabras apropiadas para aquellas circunstancias. Finalmente, fui yo el que dijo:

—Alegrémonos de que Alas siga con vida. Perdonemos y sigamos adelante.

El Joven Príncipe continuó en silencio, como si no me hubiera escuchado. Su expresión era melancólica y reservada. Al cabo de un largo rato habló:

—Yo también abandoné a una flor y no puedo perdonarme haber dejado que se marchitara. Y me siento culpable por haber dudado de las buenas intenciones de mi amigo. Aunque parte de la culpa de eso la tiene la hierba.

Entonces comprendí qué era lo que lo mantenía atrapado en el pasado y opacaba su brillante sonrisa.

—Ésa es la dificultad que te impide seguir adelante —concluí, completamente convencido de mi diagnóstico—. Escucha bien, porque voy a confesarte el secreto de la felicidad.

—¿Tú conoces ese secreto? —preguntó el Joven Príncipe abriendo los ojos, incapaz de creer que la respuesta que la humanidad había buscado durante siglos fuera a serle revelada allí, en ese momento.

—Bueno, sí, eso creo —respondí, sabiendo que en una situación como aquélla sería mejor mostrarse seguro que fingir modestia—. Aunque no he descifrado ningún manuscrito antiguo ni he accedido a la cámara prohibida de una misteriosa pirámide, estoy convencido de que esta verdad, como todas las grandes verdades, es evidente en sí misma y sencilla.

—Pues dímela, por favor —suplicó el Joven Príncipe.

—Serás feliz si amas y perdonas, porque también tú serás amado y perdonado. No puedes perdonar sin amar, porque tu perdón nunca superará la medida de tu amor. Y por último, es imposible amar y perdonar a otros sin amarte y perdonarte a ti mismo primero.

—¿Cómo puede uno amarse a sí mismo, conociendo sus propias imperfecciones? —objetó él.

—Del mismo modo que ama a los demás, cuyas imperfecciones también conoce. Los que esperan la llegada de un ser perfecto para amarlo van de desilusión en desilusión y terminan por no amar a nadie. Por lo tanto, para amarte y perdonarte a ti mismo, basta que sientas el deseo de superarte y aceptes que has hecho siempre lo mejor que has podido.

—¿Y cómo puedo saber que amo de verdad sin haber experimentado antes el amor? —preguntó el Joven Príncipe con toda lógica.

—Tu amor es verdadero cuando antepones la felicidad de otro a la tuya. El amor verdadero es libre y no conoce límites. No busca satisfacer las propias necesidades, sino que se concentra en el bien de la persona amada.

—Sigo sin entender cómo podría dar esa clase de amor sin haberlo recibido antes —insistió el Joven Príncipe.

—Lo que dices es muy cierto. A veces, los humanos tenemos la suerte de recibir el amor incondicional de nuestros padres. Otras, por medio de la meditación, podemos llegar a darnos cuenta de que poseemos un alma inmortal e intuir el amor de su Creador. Hay gente que, después de haber leído los Evangelios, siente que Jesús amaba a toda la raza humana con perfección absoluta, hasta el punto de ofrecer su vida para liberarnos del miedo a la muerte y enseñarnos así que todos somos seres espirituales sumidos en una experiencia humana. Otros descubren, a través de las palabras de maestros iluminados, una compasión absoluta hacia todas las criaturas vivientes. Si la buscas con sinceridad, acabarás por hallar una razón para amarte y descubrirás que eres una criatura única y maravillosa.

Yo hablaba con gran convicción, poniendo toda la energía posible a mis palabras, consciente de que no existe conquista más compleja, ni al mismo tiempo más sublime, que sanar un corazón herido. Él me escuchaba sumido en un respetuoso y profundo silencio.

—Debemos aprender de los niños —continué—. Ellos son rápidos para perdonar, de lo contrario, la vida sería una sucesión de odios y venganzas interminables. Además, ¿de qué cosa tan terrible puedes culparte? ¿De dudar? Hasta las personas con la fe más sólida han sentido dudas. Acepta tus errores y confía en la misericordia de Dios, porque Él ya te ha perdonado. Y si dudas de la existencia de Dios, pregúntate qué ganas al no perdonarte. Además, has seguido tu voz interior, tal como debías, en busca de tu amigo aviador, para preguntarle por qué te regaló una caja en la que no podía caber un cordero.

Continuó en silencio. Estaba inmóvil, con los ojos entornados. Incluso había dejado de acariciar a Alas.

—Y no creo que debas juzgarte con demasiada severidad por haber descuidado a tu flor. Las flores se marchitan al final del verano y vuelven a nacer en primavera. Puede que ella, de ese modo sutil, te empujara lejos de sí para que no pudieras ver cómo se arrugaban y caían sus pétalos.

Sentí sobre mí la fuerza de la atención del Joven Príncipe, como si su misma vida dependiera de cada una de mis palabras.

—Abandonaste tu pequeño mundo, sí, pero para explorar uno más grande; toda elección implica una renuncia. Todos los cambios significan dejar atrás algo de nosotros mismos: es el único modo de crecer y avanzar. No sin dolor, pero sabiendo que la experiencia nos enriquecerá. Poco a poco, vamos despojándonos de lo accesorio y conservamos únicamente lo esencial, como peregrinos que en el camino al santuario, cobran conciencia del peso de lo que no es esencial.

Las palabras acudían a mi boca sin ningún esfuerzo, guiadas por un conocimiento que parecía ajeno a mi voluntad.

—En cuanto a la hierba, no olvides que tú ibas a arrancarla. Tus prejuicios te hicieron creer que todas las hierbas son malas porque invaden los espacios de los hombres y de las flores. Pero ¿puedes asegurar que aquella hierba era mala en sí misma? Seguramente no, porque no hacía más que cumplir con aquello para lo que fue creada, es decir, ser una hierba. ¿Cómo puedes culpar a una criatura por recurrir a cualquier medio para sobrevivir cuando su misma existencia está en peligro?

Esta vez el muchacho me miró con asombro, pero sus labios permanecieron cerrados.

—Yo no creo que las cosas sean buenas o malas, salvo en relación con nuestras necesidades o con el uso que hacemos de ellas. Pero si tuviese que elegir, diría que, puesto que existen, por fuerza deben ser buenas. En el plan universal de la creación, es posible que muchas de las cosas que suceden tengan un sentido que aún no comprendemos. ¿Existirán las hierbas para que tengamos que arrancarlas y así evitar volvernos perezosos? ¿Existirá el dolor en el mundo para que podamos amar y valorar la felicidad? ¿Existirá el odio para que podamos experimentar la dicha espiritual del perdón? La verdad es que, sin dificultades, sería imposible mejorar como seres humanos y descubrir nuestro verdadero ser. Es en los momentos más críticos cuando sacamos a la luz lo mejor de nosotros mismos.

Respiré profundamente y dejé que siguiéramos nuestro viaje matutino en silencio. Hace falta tiempo para que surja con fuerza dentro de nosotros la necesidad y el deseo de perdonar.

—Es paradójico que algunas personas crean que, al perdonar a otros, les están concediendo un beneficio, cuando en realidad el que más se beneficia del perdón es el que lo concede. Los sentimientos negativos siempre se vuelven contra la persona que los alberga, de modo que, al no perdonar, al envidiar y odiar, a quien más daño hacemos es a nosotros mismos.

De repente, una frase de Buda pasó por mi mente como una liebre que atraviesa la carretera: «Aquel que me haga daño recibirá a cambio la protección que proviene de mi amor y cuanto mayor sea su maldad, mayores serán los bienes que recibirá de mí».

Capítulo XVIII

A mediodía llegamos a una ciudad reconocida por un importante hotel y centro de convenciones.

Lo habían construido para desarrollar el turismo en la zona y dar a conocer los atractivos locales mediante reuniones empresarias y artísticas. Nos habíamos detenido allí para almorzar, y cuando nos dirigíamos al comedor, vimos a través de unas puertas abiertas que el gran salón de convenciones estaba lleno de gente. Dirigí una mirada de vago interés hacia el salón de actos, y descubrí con sorpresa que el orador era el padre de la familia que habíamos encontrado el día anterior. Estaba terminando un discurso en el que se postulaba como candidato, aunque nos fue imposible saber para qué puesto o función. Sus palabras nos golpearon cuando le oímos decir.

—... Pueden confiar en mí. No los defraudaré.

Entonces sus ojos se encontraron con la mirada clara y penetrante de mi amigo el Joven Príncipe.

Me consumió el deseo irresistible de desenmascararlo en público, de decirle a todo el mundo que aquella misma mañana nos había decepcionado al abandonar a un cachorrito indefenso.

Comprobé con repugnancia que el rostro del hombre no mostraba culpa ni vergüenza, posiblemente porque esas emociones requerían un ápice de humanidad.

Sin embargo, en la expresión del Joven Príncipe no había ni el menor rastro de rencor o dureza, sólo una gran luminosidad tan intensa que ninguna sombra hubiera podido eclipsar.

Decidimos ingresar rápidamente al comedor, por si el cortés aplauso despertaba el apetito del público.

Estábamos por comenzar a comer cuando el hombre entró y, al vernos, se encaminó directamente hacia nuestra mesa. Sorprendido de que el individuo tuviera el valor de dirigirse a nosotros, sentí que me ponía tenso.

Sin embargo, él parecía tranquilo y relajado. Sonrió al llegar a nuestro lado y, poniéndole al Joven Príncipe una mano en el hombro, dijo:

—Fue un gesto maravilloso el que tuviste anoche. Y entiendo perfectamente que te arrepintieras de tu precipitada decisión. Es un perro muy especial, aunque debo decir que los niños se han llevado una gran decepción esta mañana al no encontrarlo…

—No entiendo… —comenté lanzando una mirada rápida hacia el Joven Príncipe, que seguía allí sentado, inmóvil e impasible—. ¿Cómo que no lo encontraron?

Pero el padre, haciendo caso omiso de la interrupción, continuó:

—… Si al menos hubieran dejado una nota diciendo, no sé, lo mucho que querían al cachorro, habría sido mucho más fácil explicarles a los niños que…

—Escuche, por favor —hablé, esta vez en tono más enérgico, incapaz de entender por qué se mostraba comprensivo y amable, cuando ese papel tendría que correspondernos—. Mi joven amigo no se arrepintió de nada. Esta mañana, después de que se marcharan, encontramos al perrito en el bosque y supusimos que…

—¿Que lo habíamos abandonado? —terminó el padre la frase que yo no me había atrevido a completar—. ¿Abandonar a ese precioso e indefenso cachorro? Pero ¿cómo puede pensar semejante barbaridad? —manifestó su disconformidad el hombre con indignación.

Después de un incómodo silencio en el que no supe qué decir, el individuo prosiguió:

—Puede que me viera usted adoptar una actitud severa con mis hijos, pero no soy una persona insensible y siempre he tratado de no ser injusto. Simplemente creo que un poco de disciplina es preferible a la ausencia de límites.

Tras pensarlo un momento añadió:

—No entiendo lo que puede haber pasado, salvo que el cachorro lograra abrir la puerta del cubículo durante la noche y se perdiera en el bosque —se volvió hacia el Joven Príncipe y agregó—: Los kuvasz son una raza inquieta, ¿lo sabías? Es una suerte que lo hayas encontrado.

Yo había perdido el habla, incapaz de decir nada, como un niño sorprendido en una travesura.

—Bien, los dejo. Buen viaje —dijo el hombre.

Mientras se alejaba, la voz del Joven Príncipe lo detuvo.

—¿Dónde puedo encontrar a los niños? —preguntó.

—En las habitaciones 310 y 311. Se alegrarán mucho de verte —anunció el hombre volviendo la cabeza, y luego continuó hacia una mesa de grandes dimensiones, donde lo esperaban para llevar a cabo una especie de festejo relacionado con su candidatura.

A pesar de que conocía al Joven Príncipe desde hacía relativamente poco tiempo, podía imaginarme lo que iba a suceder: la nobleza de su corazón era aún más grande que el afecto que sentía por Alas.

Pocos minutos después se abrió la puerta de la habitación 311 y los gritos de los pequeños volvieron a entremezclarse con los ladridos de entusiasmo del cachorro: había recuperado a sus cinco bulliciosos amos.

Aquella tarde, mientras conducía, me prometí que la próxima vez que tuviera dudas, intentaría pensar lo mejor de la gente y no al contrario. Me he dado cuenta de que no importa cuántas veces te decepcionen, porque como he decidido que la siguiente persona que conozca será digna de mi amor y mi confianza, soy una persona más feliz y el mundo me parece un sitio mejor.

Mis expectativas positivas con respecto a la gente y a las circunstancias han atraído hacia mí a gente y circunstancias que me son favorables. Es como si la realidad deseara complacernos, tanto si esperamos lo mejor como lo peor. Por eso tal vez sea cierto ese adagio que dice: «Tanto si piensas que vas a triunfar como si crees que te espera el fracaso, acertarás».

Al mirar de reojo al Joven Príncipe, vi que su expresión era serena. Me di cuenta de que durante toda la mañana, no le había oído hacer un solo comentario negativo sobre aquella familia.

Yo, al suponer que no habían sido los niños, condené al padre ciegamente desde un primer momento. Y lo que es peor: al verlo en el estrado me di cuenta de que, a pesar de todas mis ideas sobre el perdón, no lo había perdonado.

Por un instante sentí que el muchacho había sospechado la verdad desde el principio y no había hecho nada para librarme de mi error, pero la aparté de mi mente. En ese momento, los labios del Joven Príncipe se abrieron en una luminosa y pacífica sonrisa…

Al poco tiempo retomábamos la carretera que, tras atravesar un valle, nos llevaría a la ciudad. Allí me esperaban unos amigos para que fuese el padrino de su primer hijo.

Durante aquel tercer día, el Joven Príncipe apenas pronunció palabra. Me escuchaba y volvía a sumirse en sus pensamientos, como si, al presentir que se avecinaba el final del viaje, deseara absorber todas mis experiencias.

—Háblame de la felicidad y el amor —me pidió de repente.

—¡Menudo tema! —exclamé con un suspiro—. Sobre eso podría hablar más que Scherezade en *Las mil y una noches*. Trataré de darte algunas ideas de lo que sería la vida con, o sin, amor y felicidad, para que luego puedas buscar tu propio camino. La experiencia —comencé— me ha enseñado que no existe la felicidad sin el amor, entendido como una constante pasión por la vida y un permanente asombro ante todo lo que percibimos a través de nuestros sentidos, sean colores, movimientos, sonidos, olores o formas.

—¿Quieres decir —preguntó él— que debemos poner nuestro amor en todo lo que hagamos?

—Exacto —respondí—. Y hacerlo apasionadamente, ya sea en el trabajo, en el arte, en la amistad, en los deportes, en la ayuda a los demás o en el amor. La felicidad —continué— es también un equilibrio que exige la satisfacción de múltiples necesidades humanas, desde las más básicas, como la comida, la vivienda, la cercanía con nuestros semejantes y la estimulación, a las más elevadas, como la búsqueda de trascendencia, el amor, el altruismo y la búsqueda del sentido de la propia vida, pasando por otras, como la creatividad, el reconocimiento, la productividad y el cambio. Sólo nuestra inteligencia puede satisfacer estas necesidades de manera armoniosa según nuestra personalidad y el propósito de nuestra vida.

—¿Y cómo puedo saber que lo he conseguido? —preguntó el Joven Príncipe.

—La felicidad —le expliqué—, más que el objetivo final al que se llega, como si se tratara de la estación terminal de un tren, es en realidad una forma de viajar, esto es, de vivir.

—¿Un tren…? —comenzó a decir el muchacho.

—No es un sentimiento pasivo —proseguí, haciendo caso omiso de la interrupción—. Por el contrario, hace falta atención y esfuerzo diario para alcanzarla.

—¿Por qué siempre empiezas diciendo lo que no son las cosas? —se quejó—. Ahorrarías la mitad del tiempo si no lo hicieras —y antes de que tuviera tiempo de reaccionar con alguna observación sobre la bipolaridad de nuestro universo, insistió—: ¿Qué es un tren?

—Un grupo de vagones arrastrados por una locomotora sobre dos rieles, que solemos llamar *vías* —contesté de manera breve, en un esfuerzo por no decir lo que no era.

—Es difícil salirse de la carretera —observó el Joven Príncipe—. Debe de ser casi imposible hacerlo de las vías.

Mi silencio confirmó su intuición.

—En este planeta parece que no hay demasiado margen para la libertad —concluyó al fin.

Parecía absurdo iniciar una discusión sobre la cuestión del libre albedrío, así que continué con el tema anterior:

—Para vivir feliz hace falta defender la libertad, pero también la vida, la ética, la autoestima, la lealtad y la paz. Es un deber que tienen todos los seres humanos para vivir mejor, además de ser la actitud más honesta para consigo mismos y de servicio para los demás.

—¿Qué quieres decir con *vivir mejor*? —preguntó.

—Vivir mejor es extraer con plenitud todo lo que ofrece la vida y atraer aquello que nos enriquece desde los puntos de vista emocional, material y espiritual.

Tuve que hacer un esfuerzo para detenerme en ese punto, y no explicarle que lo contrario de vivir mejor es *sobrevivir*, que implica vivir con lo mínimo posible. Me había herido en mi orgullo y no sentía deseos de explicarle más de lo necesario, aunque eso significara no expresarme con la suficiente claridad.

—Parece que debes tener muchas cosas para ser feliz —dijo.

—En realidad no —lo contradije rápidamente—. La felicidad deriva del *ser* y no del *tener*, de admitir y apreciar todo lo que ya se posee y no de tratar de obtener aquello que no se tiene. Muchas veces, aquello que nos falta puede ser fuente de felicidad, porque permite que otros nos complementen. Si fuésemos perfectos y lo poseyéramos todo, ¿cómo nos relacionaríamos con los demás? Alguien dijo en una ocasión que no es nuestra fortaleza lo que nos mantiene abrigados por la noche, sino nuestra ternura, que hace que otros deseen protegernos. El camino más sencillo y directo a la felicidad es hacer felices a las personas que tenemos alrededor —concluí.

Tras un momento en el que los dos guardamos silencio, y al ver que mi joven amigo me escuchaba con atención, continué:

—En cuanto al amor, creo que la mayor verdad que se ha dicho es que se aprende a amar, amando. Todos tenemos capacidad de ofrecer amor, aunque sea por medio de una sonrisa, que enriquece tanto al que la da como al que la recibe.

—Creo que éste sería un planeta muy agradable si sus habitantes se saludaran con una sonrisa al encontrarse —dijo el Joven Príncipe.

—El amor verdadero —proseguí— se concentra en lo que es bueno para la otra persona y se olvida de sí mismo. Para ese amor, capaz de aceptarlo todo y perdonarlo todo, no hay nada imposible. Si tratamos a los demás como lo que son, seguirán siendo iguales, pero si los tratamos como lo que podrían llegar a ser, alcanzarán toda su plenitud. Éste es un amor altruista, que perfecciona todo cuanto se encuentra en su camino y no deja que nada quede indiferente.

—Aun con mucho amor, no puedes resolverlo todo —repuso mi amigo, embargado quizá de nuevo de nostalgia por su flor, en un asteroide perdido en el espacio, con dos volcanes a punto de erupcionar.

—Pero siempre se puede hacer algo, no lo olvides —respondí—. Amar es no renunciar a hacer lo posible. Y si eso es lo único que te queda, descubrirás que el amor es más que suficiente.

—Debe de ser muy triste no ser amado —observó.

—Más triste es no ser capaz de amar —señalé, antes de añadir—: Algunos conciben el mal como una poderosa fuerza que se opone al amor. Creo que la mayor tragedia que se puede sufrir es dejar de amar. La falta de amor es el infierno.

—¿Y qué pasa si cometes un error y fracasas en el amor?

—Yo no entiendo los errores como fracasos, puesto que aprendemos de ellos. El único error de verdad es no volver a intentarlo una y otra vez, de maneras diferentes y creativas, porque si te limitas a repetir lo que ya has hecho, sólo conseguirás lo que ya habías obtenido. Por lo tanto, no se puede fracasar en el amor: el único error es no amar.

—¿Y cómo puedo saber quién merece mi ayuda y mi amor? —preguntó el Joven Príncipe.

—A menudo nos reservamos nuestra ayuda para ofrecérsela solo a aquellos que la merecen. Es un gran error, porque no es tarea nuestra juzgar los méritos ajenos, lo que además es sumamente complicado. Nosotros solo tenemos que amar. Al igual que sucede con el perdón, aquel que más ama es el que más se enriquece. Al fin y al cabo, si Dios ama a todos los seres humanos por igual, ¿por qué debemos nosotros excluir a algunos y preferir a otros? Siente lástima por aquellos que se aprovechen de tu bondad. Y, en última instancia —dije—, si dedicas tu vida a descubrir lo mejor de la gente, terminarás encontrando lo mejor de ti mismo.

—¿Y el miedo a la muerte —preguntó él inesperadamente— no impide que seas feliz?

—A mucha gente le preocupa el fin de sus vidas. Deberían preocuparse más bien por darles un principio real y asegurarse de que den frutos. Yo creo que las almas no se pierden y que todos llegaremos finalmente a nuestro destino, pero si entonces somos juzgados, estoy convencido de que la pregunta será: «¿Cuánto has amado?». No nos preguntarán: «¿Cuánto has ganado?», sino más bien: «¿Cuánto has dado a otros?». La grandeza aparente no importará, si no ha estado al servicio de los demás.

Al cabo de una breve pausa, y con emoción a duras penas contenida, añadí:

—¿Sabes una cosa? El amor es más poderoso incluso que la muerte. A un hermano mío le encantaban las alas. Sus alas eran de muchos colores. Dicen que murió, pero aún sigue vivo en nuestros corazones. Desde aquel día creo que los únicos que están realmente muertos son los que nunca han amado y aquellos que ya no quieren amar.

Capítulo XIX

Habíamos llegado a las afueras de la ciudad donde mis amigos estarían esperándome. Pero nadie estaría esperando al Joven Príncipe, ya ni siquiera en su propio planeta. La idea me entristeció, así que lo invité a continuar a mi lado.

—La vida ha sido generosa conmigo —dije— y me gustaría ayudarte mientras lo necesites.

—Gracias —respondió—, pero ya has hecho mucho...

En ese mismo momento, ya cerca del centro, un semáforo nos detuvo. Un vagabundo se acercó al coche y extendió hacia nosotros la palma de la mano. Cuando el muchacho bajó la ventanilla, ambos percibimos un fuerte olor a alcohol.

—¿Tienes dinero? —preguntó mi joven amigo.

—Creo que no me queda cambio —contesté.

—Pues entonces dame lo que tengas —insistió.

—¿Estás seguro? —le pregunté con tono de duda, mientras trataba de sacar la cartera, que se me había enganchado en el bolsillo trasero del pantalón—. Se lo gastará todo en bebida.

Entonces el semáforo se puso en verde y el vehículo que teníamos detrás nos hizo señales de que avanzáramos, mientras el vagabundo seguía inclinado sobre la ventanilla.

—Hazte a un lado y déjalo pasar —me pidió mi amigo, y volví a comprobar que era imposible contrariarlo—. Hace poco me dijiste que debíamos dar sin mirar a quién. Bueno, pues aquí tenemos a alguien que nos pide ayuda.

—No creo que, en este caso, el dinero resuelva sus problemas —protesté, aunque normalmente intento ayudar sin pensar en eso.

—Tal vez el vino le ayude a sobrellevarlos —replicó él—. Salvo que quieras oír su historia, conocer cómo puedes ayudarlo de verdad... ¿Sabes? —añadió de repente, como iluminado por un nuevo pensamiento—. Creo que es una gran idea. Voy a pasar la noche aquí. Tal vez pueda hacer algo por él, y si no, un poco de atención y de compañía seguramente le vendrán muy bien...

—Pero no puedes quedarte aquí sin más, en la calle, sin saber quién es ese hombre...

El Joven Príncipe interrumpió mis objeciones.

—No te olvides de que, hace tres días, también yo estaba al borde de una carretera y tú me ayudaste. ¿Cuál es la diferencia? ¿Nuestro aspecto? Tú mismo dijiste que no debemos dejarnos guiar por las apariencias. Ya has hecho tu buena obra, ahora deja que yo pueda hacer la mía. Ve con los amigos que te esperan. Yo puedo ser más útil aquí.

Y entonces agregó, como si se le acabara de ocurrir algo:

—Ven mañana al amanecer. Me gustaría despedirme.

Y con estas palabras, bajó del coche y fue a sentarse junto al vagabundo. Al ver que estaba indeciso sobre si arrancar o no, resistiéndome a la idea de dejarlo allí, me hizo un gesto para que me marchara.

No podía dejar de pensar en el Joven Príncipe y en las circunstancias en las que nos habíamos separado. Las probabilidades de que pudiera entablar una conversación racional con el vagabundo eran remotas, porque cuando alguien decide tomar un camino de autodestrucción es muy complicado apartarlo de él. Incluso existía la posibilidad de que el hombre reaccionara con violencia a cualquier intento de prestarle ayuda. Sin embargo, mi amigo era capaz de hacer fácil lo imposible, si es que había algo imposible para aquel corazón puro y aquella sonrisa transparente. Pero sentado allí en la esquina, con su gorra del revés, tenía el mismo aspecto que cualquier otro muchacho sin hogar.

Durante el festejo, mientras compartía la alegría de mis amigos, la imagen del Joven Príncipe se fue desdibujando en mi cabeza, como una espina que ya no causa dolor. Sin embargo, al irme a acostar, no pude menos que comparar mi cama mullida y cálida con el frío y duro pavimento. Durante un instante sentí la tentación de ir a buscarlo, e incluso llegué a salir de la habitación, pero algo me dijo que no debía desobedecer su mandato. Abrí la ventana. Era una agradable noche de primavera, aunque la brisa llegaba un tanto fresca. La luz tenue de la luna apenas empalidecía al lucero del alba. Al levantar los ojos, volví a quedar boquiabierto ante el cielo plagado de estrellas de la Patagonia. Aun aquellos que lo conocen volverían a asombrarse, si sólo se detuvieran otra vez a levantar los ojos…

Capítulo XX

Como había dejado la ventana abierta para sentirme más cerca de mi joven amigo, me despertaron las primeras luces del amanecer. Me vestí rápidamente y, sin desayunar, conduje hasta el sitio en el que nos habíamos separado.

La intranquilidad que sentía en la boca del estómago se disolvió al verlo charlando con el vagabundo, como si fuesen amigos de toda la vida.

—¡Hola! —dijo mientras se acercaba para saludarme, tan fresco como si hubiera dormido sobre un lecho de rosas.

—¡Hola! —contesté yo y, embargado por cierta curiosidad, pregunté—: Bueno, cuéntame, ¿cuál es su historia?

—Se trata de una buena persona, un universitario de holgada posición económica. Durante un chequeo de rutina le diagnosticaron una enfermedad terminal: apenas le quedaban dos o tres meses de vida. Salió de la consulta totalmente desesperado y, para ahorrarle a su familia el sufrimiento, decidió poner fin a su vida. Afortunadamente no tuvo el coraje o más bien la cobardía de hacerlo, así que comenzó a caminar, subió al primer tren que encontró y viajó hasta aquí, donde decidió renunciar a todo.

Una sonrisa se dibujó en el rostro del Joven Príncipe al ver mi asombro, prueba palpable de que, una vez más, había juzgado mal a una persona y una situación.

Pero entonces continuó con el relato, sin demostrar que, de nuevo, me había sorprendido en falta.

—Me llevó toda la noche convencerlo de que debe regresar a casa y dejar que su familia lo rodee con su amor y sus cuidados, lo que quizá sea una forma de retornar una parte de lo que han recibido de él. El amor, aunque no sea eterno, puede ser infinito cuando se ofrece.

—En efecto —dije, conmovido por la historia—. He oído decir muchas veces que esos momentos postreros de la vida pueden ser más intensos que todos los años anteriores. Creo que el tiempo no es necesariamente lineal. ¡Qué maravilloso sería que pudiéramos vivir cada día como si fuese el último! ¡Cuántas cosas haríamos y cuántas nos negaríamos a hacer! Y además, estoy convencido de que la muerte acude a nosotros por sí misma cuando hemos aprendido todo lo que hemos venido a aprender a este mundo —finalmente, pregunté a mi amigo—: ¿Y qué vas a hacer ahora?

—Acompañarlo de vuelta a casa y quedarme con él y con su familia todo el tiempo que me necesiten. Además, nunca hay que descartar la posibilidad de que se produzca un milagro —señaló sonriendo. Y con un guiño, añadió—: Los diagnósticos a veces se equivocan, ¿sabes?

Dicho esto, me dio un abrazo. Sentí que una corriente eléctrica recorría mi cuerpo, como si cada uno de mis nervios, mis arterias y mis células se cargasen con una energía renovada. Tuve la sensación de estar por un momento suspendido en el espacio. Cuando se separó de mí, admití, todavía afectado y también guiñándole un ojo:

—Es cierto, nunca debemos descartar la posibilidad de un milagro.

El vagabundo parecía también lleno de una nueva vitalidad y su rostro desaseado y triste parecía haber cobrado una expresión bondadosa y casi profética.

Mientras se alejaban, me pareció que llevaban consigo una nueva luz por las calles de la ciudad aún dormida.

De repente empecé a verlo todo de manera distinta. Sentí que era el Joven Príncipe el que me había guiado con sus preguntas, de las que ya conocía las respuestas. Era yo, el que no debía dejarse abrumar por los problemas. Yo, el que no debía convertirme en un fantasma ni en una persona seria. Yo, el que debía sentir más afecto por un animal que por una máquina, el que no debía aferrarme al pasado y al futuro, para vivir en el presente, el que debía olvidar *el tener* para centrarme en el *ser*. El que debía dejar de enredarme con los medios, para orientarme hacia los fines. El que debía crecer en el amor para ser feliz.

Mi amigo se había limitado a dejarme descubrir lo mejor de él para que pudiera encontrar lo mejor de mí.

Había sido un milagro que me había transformado íntegramente en tres días. Uno de esos prodigios que suceden sin que nadie los vea, porque los milagros del amor son tan inmensos como sencillos.

Unas lágrimas de dicha me nublaron la visión. Y entonces fui yo el que tuvo que decir *gracias*, a pesar de que ya se encontraba demasiado lejos para oírme. Sin embargo, en ese preciso instante, se volvió y sonrió. Incluso a aquella distancia, me cegó el destello de esa luz tan blanca y supe que el universo entero sonreía con él.

EPÍLOGO

Ésta es la historia de mi viaje, querido lector, y por eso me apresuro a escribirla, para que no te sientas tan triste.

Creo que coincidirás conmigo en que la vida es ahora más hermosa y que no deberíamos estar tan preocupados, puesto que el Joven Príncipe ha regresado, y esta vez para quedarse entre nosotros.

No he vuelto a verlo desde entonces. Pero cada vez que sonrío y tengo ocasión de mostrarme amable con otra persona, o hacer algo por ella, siento como si una ola se pusiera en movimiento. Y si la persona a la que he ayudado extiende su mano o le sonríe a otra, nos convertimos en una marea que llegará a todas partes. Por ello, cuando extraño o pienso en el Joven Príncipe, comienzo una de estas olas con la certeza de que llegará hasta él. Y del mismo modo, desde la mañana en que lo vi por última vez, si estoy triste y alguien me sonríe, sé que muy cerca o muy lejos de allí el Joven Príncipe ha sonreído.

A veces, al pasar por un parque y ver un grupo de niños jugando, me descubro tratando de encontrarlo entre ellos. Pero entonces recuerdo mis propias palabras: «No debes cerrarte a los demás por buscar a tu amigo». Y comprendo que no debo seguir buscándolo a él, puesto que puedo descubrirlo en cualquiera con los ojos del corazón.

En mi vida ha habido largas noches en las que anduve buscando un amigo de ciudad en ciudad y de frontera en frontera, hasta aquella madrugada en que lo hallé sonriendo en mi corazón…

Era una grata noche de primavera, aunque el aire era un poco fresco. La pálida luz de la luna apenas eclipsaba el lucero del alba… ¡Fue entonces cuando comprendí que debía alzar mis ojos al cielo!

De repente sucedió algo asombroso. Las estrellas parecieron sonreírme desde lo alto y al levantarse la brisa, repicaron como quinientos millones de cascabeles.

Este libro está dedicado:

A Jesús, el Cristo, la luz que me guía y el camino.

A mi abuela María Josefina Miller de Colman, a mi hermano Andreas Christian, a mis amigos Juan Ángel Saroba y Gerardo Leone, *in memóriam.*

A Antoine de Saint-Exupéry, por darme la fuerza necesaria para preservar la inocencia y la pureza del corazón.

A mis padres, que en el transcurso de los años han logrado que el amor se alzara triunfante.

A mis hermanos, mis queridos familiares y amigos, porque al compartirla con ellos se multiplica mi felicidad.

A mis maestros y a las dificultades que encontré en el camino, porque al moldear y templar el carácter, me permitieron descubrir mi espíritu.

A mis ahijados, porque me hacen contemplar el futuro con alegría y entusiasmo.

Al Joven Príncipe, por haber tenido otra oportunidad de ser feliz y no rechazarla.

Mi más profunda gratitud para todos aquellos cuyas palabras y cuya visión puedan verse, de algún modo, reflejadas en esta obra. Después de tantos libros, conversaciones, clases y publicaciones, no sería capaz de decir en qué medida ha contribuido cada uno de ellos a mi manera de pensar y de

sentir. Creo que el mejor modo de expresar mi reconocimiento es compartir las lecciones que me han transmitido
y que me han sido útiles cuando he tratado de aplicarlas.
Junto con mis experiencias, forman los cimientos sobre
los que, día a día, continúo edificando mi felicidad y mi
progreso espiritual.

ÍNDICE